W0092542

Elisabeth Bessau
Erdenschwere und Himmelsnähe

Elisabeth Bessau

Erdenschwere und Himmelsnähe

*Gebärdensprache
romanischer Architektur und Plastik*

Urachhaus

Der Schutzumschlag zeigt ein Motiv vom Schrein des Heiligen Maurinus in St. Pantaleon in Köln, um 1170

CIP-Titelaufnahme der Deutschen Bibliothek

Bessau, Elisabeth:
Erdenschwere und Himmelsnähe :
Gebärdensprache romanischer Architektur und Plastik /
Elisabeth Bessau. –
Stuttgart : Urachhaus, 1989
ISBN 3-87838-601-X

ISBN 3 87838 601 X
© 1989 Verlag Urachhaus Johannes M. Mayer GmbH, Stuttgart
Alle Rechte, auch die des auszugsweisen Nachdrucks und der
photomechanischen Wiedergabe, vorbehalten.
Umschlaggestaltung Bruno Schachtner, Dachau
Satz und Druck der Offizin Chr. Scheufele, Stuttgart

Inhalt

Kunst- und Geschichtsbetrachtung als Symptomatologie

Dieses Buch möchte keine Zusammenstellung der Fakten zu Plastik und Baukunst der Romanik sein, es gibt deren Bücher viele und gründliche. Es möchte nicht ein wissenschaftliches Kolleg über die Geschichte des deutschen Mittelalters und seine Ausprägung in den bildenden Künsten ersetzen. Es möchte einiges von dem mitteilen, was die romanischen Kunstwerke dem Autor im rund dreißigjährigen Umgang mit ihnen eröffnet haben. Es möchte mit Persönlichkeiten bekannt machen, die ihm an den Stätten ihres einstigen Wirkens vertraut geworden sind, wobei in die Betrachtungen einfließen wird, was dem Autor durch Bewußtseinsschulung zugänglich geworden ist.

Erde und All sind erfüllt von geistigen Wesen, guten wie bösen, Wesen, die über und unter dem Menschen stehen. Wo Wesen sich mit einem physischen Leib bekleiden oder durch ihn wirken, kann jeder Wissenschaftler ihre Kämpfe und Leiden wahrnehmen, das Ich des Menschen, die Gruppenseelen der Tiere. Betrachten wir Geschichte, so hinterlassen nur die Menschen Abdrücke und Zeugnisse ihrer Taten in Bauten, Urkunden und Chroniken. Die geistigen Wesen der höheren Hierarchien, die hinter ihnen stehen – der Engel, der den Kaiser führt, der Erzengel, der den Kanzler des Reichs inspiriert, der Zeitgeist, der die Kreuzzüge impulsiert –, bleiben unsichtbar. Unsichtbar bleiben die Dämonen, die östliche Heerscharen nach Europa trieben, unsichtbar bleibt das Reich des Priesterkönigs Johannes, der den Gral hütet. Nur an einzelnen Punkten läßt sich das Übersinnliche wie mit Händen greifen, in Augenblicken, die der ratio keinen Grund für das Handeln eines Menschen liefern. Jenseits dieser Punkte muß dem Geistesforscher okkulte Forschung weiterhelfen, seine oder die anderer. Aus diesem Grund sind die Ergebnisse Rudolf Steiners, so weit sie das Thema betreffen, weitgehend berücksichtigt worden.

Eine Geschichtsdarstellung, die das verborgene Walten der Götter anschaulich machen will, muß sich einer anderen Methode als der üblichen historisch-kritischen, empirischen oder dialektischen bedienen. So schildert Rudolf Steiner Geschichte symptomatologisch; eine Methode, die auch im folgenden angewandt werden soll. Symptomatologie besteht »darin…, daß man sich bewußt ist: Hinter dem, was als physisch-sinnlicher Tatsachenstrom abläuft, liegen die treibenden geistigen Kräfte. Aber es gibt überall in dem geschichtlichen Werden Punkte, wo das eigentlich Wesenhafte symptomatisch an die Oberfläche tritt und wo man es beurteilen kann aus den Erscheinungen heraus.«[1]

Dieses Buch möchte schließlich zu einem übenden Betrachten der Kunstwerke anleiten, nicht um die Hand eines Künstlers vom Einfluß eines anderen unterscheiden zu lernen, sondern um mit Hilfe so vieler Sinne wie möglich mit dem Werk vertraut zu werden, so daß es zu sprechen beginnt wie die Züge eines vertrauten Menschen, in denen wir Vergangenes und Zukünftiges lesen. Vergangenes Bewußtsein und einst wirkende Mächte vermag ein Kunstwerk wie eine deutende Gebärde auf die künftige Entwicklung des Volkes zu enthüllen, in dem es wurzelt. So können wir die Keime unserer Gegenwart erkennen, wenn wir übend in den Strom eintauchen, der die Zeiten verbindet.

Ein übender Umgang mit den Kunstwerken muß sich zunächst der Grundlagen der Sinneswahrnehmung vergewissern, ihres Reichtums, ihrer Vielfalt. Als unsterbliche Geschöpfe sind wir in der Welt des Raumes, dem Reich der Verstorbenen und den Regionen des ewigen Geistes beheimatet, in der physischen, seelischen und geistigen Welt. Durch die Siebengliedrigkeit unserer Organisation[2] sind wir in Teilen mit den toten Gegenständen, mit den Pflanzen und Tieren verwandt, in anderen mit den Unsterblichen, die über den Menschen stehen und walten. Wir setzen uns mit der Welt auseinander, wir nehmen sie mit unseren zwölf Sinnen wahr; sie wirkt auf uns in vielfältiger Weise, wie wir durch unsere Gedanken, Gefühle und Taten auf sie wirken. Drei Welten durchdringen uns, wie wir sie durchdringen. Mit der Nahrung nehmen wir Mineralisches auf, in der Natur atmen wir die Lebenskraft der Pflanze, im anteilnehmenden Gespräch durchdringt uns die Seelenwärme eines Menschen, der Geist einer Gottheit durchströmt uns, wenn wir ihr Haus, ein Gotteshaus, betreten. – Der Bildhauer bearbeitet den toten Stein, während im Geisterland Götter das Urbild seiner Skulptur geschaffen und es ihn gnadevoll in seiner Seele haben schauen lassen. In seinen Lebensleib mußten Formen eingeprägt werden, die es seinen Händen ermöglichen, das Standbild zum Bild des Urbildes zu machen, Formen, die ihm Kunstfertigkeit verleihen. Erbstrom und okkulte Schulung können den Lebensleib diese Formen annehmen lassen.

Der Kunstliebhaber, der ein Gotteshaus betritt, nimmt mit seinem Gleichgewichtssinn die Harmonie der Formen wahr, mit dem Bewegungssinn folgt er ihnen in den Einzelheiten, mit den Augen sieht er die Farben, sein Ohr vernimmt den Klang der Schritte, seine Hände tasten das glatte Gestein, er riecht den Moder der Vergänglichkeit in der Krypta, die Wärme der Kerzen vor dem Andachtsbild durchströmt ihn, der Lebenssinn spürt die heilende Wirkung der Reliquien, die Zunge schmeckt die Würze des Weihrauchs. Der Gedankensinn erkennt die Idee, die dem Bau zugrunde liegt, der Ichsinn möchte der Entelechie des Erbauers begegnen, und der Wortsinn sucht das Wort, das alles geschaffen hat, durch das Urbild dieses Abbildes zu ahnen.

Dem übenden Umgang mit Kunstwerken ist die unmittelbare Begegnung mit ihnen unverzichtbar. Keine Abbildung kann sie ersetzen. Sie kann allenfalls Erinnerungsstütze oder Anregung sein, die Orte aufzusuchen, an denen die Geistgewalt romanischer Kunst am deutlichsten spricht. Deshalb wurden nur ausgewählte Werke in diesem Buch berücksichtigt. Zudem können die Abbildungen helfen, in lebendigem Beobachten und Denken den Weg des Autors mitzuvollziehen. Ein Bauwerk muß außen umschritten und innen eratmet werden. Die Haltung einer Plastik muß im eigenen Körper nachempfunden werden, wir müssen ihr mit dem liebevollen Interesse gegenübertreten, das wir einem Freund entgegenbringen, und wir müssen sie innerlich mit der fühlenden Hand in jeder Einzelheit nachschaffen. Diese Gesichtspunkte und nicht der ästhetische Genuß haben die Bildauswahl bestimmt.

Entwicklungsrhythmen in der Geschichte

Von der Wotanskultur zum Heiligen Gral

Hans Erhard Lauer hat den besonderen Rhythmus der Entwicklung des deutschen Volkes entdeckt und ist seiner Ausprägung in der Dichtung im einzelnen nachgegangen. Dabei handelt es sich um das Verhältnis der mitteleuropäischen Menschen zu dem Geistwesen, das sie als Volk führt, zu dem Volksgeist und seiner Hülle, der Volksseele. Diese Volksseele lebt in einem rhythmischen Wechsel engerer oder lockererer Beziehungen zu ihrem Volk. Lauer gebraucht die Begriffe Ein- und Ausatmung, um diese Perioden zu verdeutlichen, die sich nicht abrupt, sondern allmählich ablösen. Ist die Volksseele »eingeatmet«, so sind eigene kulturelle Leistungen, die in die Welt ausstrahlen, das Resultat. »Gehen wir nun dem Atmungsrhythmus der deutschen Volksseele in der Geschichte des Deutschtums im einzelnen nach, so zeigt sich, daß im bisherigen Verlauf derselben ein dreimaliges Ein- und Ausatmen stattgefunden hat, und zwar in einem zeitlichen Rhythmus von jeweils etwa sechshundert Jahren. Wir können den Zeitpunkt eines ersten Eingeatmetseins der Volksseele, rund gesprochen, etwa auf das Jahr 600 n. Chr. datieren, den eines zweiten auf das Jahr 1200 und den des dritten auf das Jahr 1800.«[3]

Betrachten wir unter diesem Gesichtspunkt nicht nur die Literatur, sondern auch die bildenden Künste und die Geschichte, so erscheint dieser Rhythmus um so überzeugender. Wir können sogar noch weitere 600 Jahre in der Geschichte Mitteleuropas zurückgehen, ohne zwar von einem deutschen Volk, wohl aber von germanischen Stämmen zu sprechen, und finden dann um die Zeitenwende einen abermaligen Höhepunkt, eine weitere Periode der Einatmung.

Von einer hohen Wesenheit wurden die keltischen und germanischen Völker geführt, von Wotan, dem Herrn der Asen, jener Engel und Erzengel, die sich dem erwachenden Ich der Menschen zuwandten.[4] Er ist es, den wir in vielen Zeugnissen der Kultur Mitteleuropas als wirksam erahnen, denen dieses Buch gewidmet ist.

Die Wesenheit einer Gottheit ist für uns nur in ihrer Beziehung zu den Menschen faßbar. Deshalb müssen die vorausgehenden Fragen lauten: Auf welche Weise, in welchem Zusammenhang sind ihr Menschen begegnet oder von ihr inspiriert worden? Wie wurde sie durch Jahrtausende empfunden, in welchen Gegenden war sie den Menschen nahe, wo haben wir sie heute zu suchen?

Wotan gehört zu den wenigen Göttern, die selbst in einem menschlichen Leib ge-
wohnt haben,[5] die ihre Mysterien in Menschengestalt begründet, ihre Schüler unterwie-
sen haben. Keiner schleuderte den Speer wie er, der Weiseste, der Hohe, Fürst im Rate
und Herr des Zaubers – Namen, die er noch in der »Edda« führt. So empfanden ihn
seine Schüler, und so lebt er in den Überlieferungen weiter. Als die germanischen Völker
im Kindheitsalter in die Geschichte eintraten, gab er ihnen Lieder und Losungen, die
Schau in Vergangenes und Künftiges, wodurch er für sie zum Herrn der Dichtung und
der Runen wurde. Als Gottheit, die Verbindung zum Ich des Menschen hat, gab er seinen
Schülern eine Kraft, die impulsierend in die Menschheitskultur hineinstrahlt: die Kraft
der Schicksalserfüllung. Dazu bedarf der Mensch der Weisheit, die ihn sein Schicksal
erkennen, und des Mutes, der es ihn durchstehen läßt. Weisheit und Mut sind auch den
Kindern Wotans eigen, seinen Mysterienschülern. Als Herr der Eide wacht er über die
Erfüllung des Schwurs. Was aber sind Eide, über deren Wahrung ein irdischer Richter zu
wachen hat, anderes als physische Abbilder jener kosmischen Eide, mit denen wir im
Vorgeburtlichen uns zu diesem oder jenem Karma freiwillig verpflichteten: Treue gegenüber dem Eid ist somit Treue zum einmal gewählten Schicksal. So erst wird verständlich,
wenn Menschen und Götter dem Eid unterworfen sind.

Nicht der Sieg ist höchster Triumph des germanischen Helden, sondern die Treue zum
Schicksal. Schicksalserkennung – Schicksalsbejahung – Schicksalserfüllung sind die drei
Stufen, die Wotan führt, auch wenn der physische Tod die Folge sein sollte. Was das
Denken erfaßt, wird zur Sicherheit des Fühlens und gibt dem Wollen die Kraft. Aber im
Wollen schlummert im irdischen Dasein das Wissen um das eigene Karma. Dieses her-
aufzuholen, greifen die nordischen Mysterien zum Mittel der Willensschulung; deren
Weg aufzuzeigen würde den Rahmen dieser Ausführungen sprengen.

Zum ersten Mal traten die Germanen in das Licht der Weltgeschichte am Wotanstag
des Jahres 9 n. Chr., der heute als Michaelstag gefeiert wird. Dieses Datum markiert den
Beginn dreitägiger Kämpfe schlecht ausgerüsteter »Barbaren« gegen die Weltmacht
Rom, in deren Verlauf drei Legionen vernichtet wurden. Gekämpft wurde in nur drei
Kilometer Entfernung vom großen Inspirationszentrum Mitteleuropas, auf dem Winn-

11

feld bei den Externsteinen im Teutoburger Wald. Siegfried kämpft mit dem Drachen: So gingen diese Geschehnisse in die Sagenwelt ein.[6]

Was in Sagen und Mythen lebt, ist die okkulte Geschichte, die sich hinter den äußeren Ereignissen abspielt. Wir kennen die äußere Geschichte des Freiheitskampfes Germaniens nur aus römischen Quellen. In einer dieser Quellen, bei Tacitus, lesen wir, daß der Befreier Germaniens in den Heldenliedern der »Barbaren« fortlebe. Es obliegt uns, aus dem Sagen- und Liedgut die Gestalt herauszuschälen, hinter der sich der tragende Held verbirgt. Schon mehrfach deuteten Forscher auf Siegfried.

Siegfried ist mit Sicherheit der verborgene Name des Cheruskerfürsten Arminius, der den römischen Statthalter Germaniens, Varus, in jenen denkwürdigen Tagen besiegte und damit dessen Selbstmord veranlaßte. Weshalb galt den Römern die Eroberung unwirtlicher Wälder und Sümpfe jenseits des Rheins so viel, daß sie in einem Zeitraum von nur dreißig Jahren vier bedeutende Persönlichkeiten hintereinander als Oberbefehlshaber dorthin entsandten: Drusus, Bruder des Tiberius – der auch mit dem Leben bezahlte –, Tiberius, Adoptivsohn des Augustus und späterer Cäsar, Varus, der ehemalige Statthalter Syriens, und Germanicus, der Adoptivsohn des Tiberius? Die Statthalter des südlichen Mysterienstroms wollten das Herz der nördlichen Mysterien treffen. Keine List zur Verwirrung der Feinde wurde von den Römern verschmäht, so die Errichtung einer Kultstätte römischer Prägung für die Germanen diesseits des Rheins, als deren Oberpriester sie den Sohn eines Cheruskerfürsten und Verwandten des Arminius gewannen. Hat Arminius im Drachenblut gebadet, wurde er, der Wotanseingeweihte, der unter Tiberius eine dreijährige Ausbildung als römischer Offizier im Feindeslager absolvierte, mit verborgenen Kräften der Gegner vertraut, die ihm zwar Stärke verliehen, aber den Anverwandten auch das Recht gaben, ihn zu ermorden? Sowohl Siegfried als auch – nach Tacitus – der historische Arminius fielen durch die Heimtücke der Verwandten. Der Drachentöter gewann Tarnkappe und Gold. Alle Sagenmotive sind vielschichtig, und nur eine Deutung soll hier angeführt werden, die im Zusammenhang mit der Geschichte Mitteleuropas steht. Durch den Sieg versanken das Heiligtum an den Externsteinen und sein Umkreis für ein dreiviertel Jahrtausend abermals im Dunkel der

Geschichte. Das Gold lag allerdings als unheilbringendes Erbe für die germanischen Völker bereit, nicht im äußeren Sinn, sondern im Übergang der Macht von dem römischen Imperium zum Heiligen Römischen Reich Deutscher Nation. Wie sich dieser vollzog, und zwar wiederum im Zusammenhang mit den Externsteinen, werden die weiteren Ausführungen zeigen.

Allem Wehsal zum Trotz vollzieht Siegfried sein leidvolles Schicksal. »Ich werde nicht fliehen, auch wenn ich mich todgeweiht wissen sollte«, sagt Sigurd in der »Edda«. Und welches Leid widerfährt dem historischen Arminius: Der Bruder steht ihm in der Stunde der Entscheidung als römischer Offizier im Feindeslager gegenüber, die geliebte Frau und der einzige Sohn geraten in Gefangenschaft und werden schimpflich im Triumphzug durch Rom geführt. So mußte er alles, was ihm teuer war, seinem karmischen Auftrag opfern, aus dem er schließlich als Sieger hervorging: Tiberius befahl seinem Adoptivsohn das Ende der Eroberungsversuche.

Rudolf Steiner hat sich mehrmals über Wotan, die Gegend um die Externsteine (Detmold–Paderborn) und die germanische Mythologie geäußert: »Wenn Sie etwa eine Kreislinie zögen, so daß in diese Kreislinie hineinfallen würden die Städte Detmold und Paderborn, so kommen Sie in die Gegend, von der ausströmte die Mission der erhabensten Geister, welche nach Nord- und West-Europa ihre Mission ausdehnten. Weil dort das große Inspirationszentrum war, deshalb ging später die Sage, daß Asgard eigentlich an diesem Punkte der Erdoberfläche gelegen habe. Es lag aber da das große Inspirationszentrum in uralter Vergangenheit, das Zentrum, welches dann später seine Hauptwirksamkeit abgegeben hat an das Zentrum des heiligen Gral.« »Zuerst schaut er [der Mensch] auf die Erzengelwesen, welche in seiner Seele arbeiteten, ... und da findet er als den hervorragendsten dieser Erzengel Wotan... Er lernt ihn erkennen als einen derjenigen Erzengel, die dazu gekommen sind, einmal Verzicht zu leisten auf einen Aufstieg zu höheren Stufen.« »Da haben wir in Europa... einen Erzengel, der in den germanischen und vor allem in den keltischen Völkern wirkte, ... der... darauf verzichtet hatte, ein Archē, ein Geist der Persönlichkeit zu werden... Da wurde er der inspirierende Geist des esoterischen Christentums..., das fortwirken sollte durch die Geheimnisse des heiligen

13

Gral, fortwirken sollte durch das Rosenkreuzertum... Diese verschiedenen germanischen Völker Europas, die ursprünglich von *einem* Erzengelwesen geleitet worden sind, waren dazu berufen, nach und nach unter die Leitung der verschiedensten Erzengel zu kommen.« »So muß... gesagt werden, daß es keine andere Mythologie der Erde gibt, welche... ein bedeutsameres oder klareres Bild der Weltenevolution gibt, als diese nordische Mythologie, so daß dieses Bild als eine Vorstufe des geisteswissenschaftlichen Bildes der Weltenentwickelung gelten kann.«[7]

Die Aussagen Rudolf Steiners sind Anlaß, uns dem weiteren Gang der Ereignisse um das Wotansheiligtum an den Externsteinen zuzuwenden, wenngleich nicht mit dem Ziel, den Kult oder die Kultstätte zu beschreiben,[8] sondern ihren Zusammenhang mit dem mitteleuropäischen Geistesleben. Wotan wurde Inspirator des esoterischen Christentums, wie es im Zentrum des Heiligen Gral, wie es im Rosenkreuzertum in Erscheinung trat. Wann mag das geschehen sein, und welche Auswirkungen hatte das auf die, die den alten Mysterien treu ergeben waren? Als Quellen stehen uns – wie bei den Römerkriegen – die Geschichtswerke der Gegner und der Mythos zur Verfügung: Es sind die fränkischen Annalen und die Sagen Westfalens.

Die Siege des Arminius hatten Raum geschaffen für eine ungehinderte Entfaltung germanischer Geistigkeit unter Führung ihrer Mysterien. Der Stamm der Cherusker hatte damit seine historische Aufgabe erfüllt und ging unter durch Vermischung. Das Jahr 600 markiert das Ende einer Bewegung, die etwa ab 375 n. Chr. die gesamte germanische Welt erfaßt hatte, der Völkerwanderung. Verschiedene germanische Stämme sind in deren Verlauf untergegangen, andere haben die Gegenden erreicht, in denen sie – mündig geworden – eigene Kulturen begründen sollten, insbesondere die Stämme, die die deutsche Kultur geschaffen haben: Sachsen, Thüringer, Bayern, Alemannen und Franken, die nun als Eroberer in die mitteleuropäische Geschichte eintreten.

Wann zog Wotan sich aus dem nördlichen Mysterienstrom zurück, um fortan impulsierend auf das spirituelle Christentum einzuwirken? 754 wird Bonifatius von heidnischen Friesen getötet, nachdem er zuvor alte germanische Kultstätten angetastet hatte. 772 hat sich das Schicksal gewendet: Karl der Große zerstört das Nationalheiligtum der

Sachsen, die Irminsul. Daß sie zum Heiligtum an den Externsteinen gehörte, ist nach den Forschungen Wilhelm Teudts und den Ausgrabungen vor dem Zweiten Weltkrieg kaum noch zweifelhaft.

Die Irminsul – Säule des Irmin – galt den historischen Quellen zufolge als Trägerin der Welt. Also war sie ein Symbol dessen, was in der »Edda« Weltesche Yggdrasil genannt wird. Darüber hinaus ist sie der Stamm, an dem der Odinseingeweihte neun Tage lang hing, bis ihn ein todesähnliches Erlebnis über die Schwelle der geistigen Welt führte. Was diesem Erlebnis als Eingriff in seine ätherische Organisation vorausging, erlebte er als Verwundung durch den Speer Odins, wie Wotan auch genannt wird.

Zeit ists, zu raunen
Auf dem Rednerstuhl,
Am Ufer des Urdbrunnens.
Ich schaute und schwieg,
Ich schaute und sann,
Hörte der Waltenden Wort...

Ich weiß, daß ich hing
Am windigen Baum
Neun Nächte lang,
Mit dem Ger verwundet,
Geweiht dem Odin,
Ich selbst mir selbst,
An jenem Baum,
Da jedem fremd,
Aus welcher Wurzel er wächst...

Runen sollst du lernen
Und rätliche Stäbe,
Stäbe gar stark,
Zeichen zauberkräftig,
Wie sie zog der Zauberherr,
Wie sie wirkten Weihgötter,
Wie sie ritzte der Raterfürst...

Das erfährst du dann
Beim Erforschen der Runen,
Der raterentsprossenen,
Wie sie wirkten Weihgötter
Und sie zog der Zauberherr:
Das schlaueste ist, du schweigst.[9]

In den neun erhaltenen Strophen von Odins Runengedicht aus der »Edda« wird über den eigentlichen Inhalt der Einweihung nichts gesagt, das wäre Mysterienverrat gewesen; weswegen es das Schlaueste war, zu schweigen. Was der Eingeweihte gewann, war Macht über den Zauber der Runen.

Nur die Verankerungslöcher verraten noch, wo die beiden Säulen an den Externsteinen standen, die kleinere für die Einweihung und die große, an der geopfert wurde, während der »Rednerstuhl«, die Kanzel, auf der auch Arminius zu den versammelten Edlen gesprochen haben soll, erhalten blieb und aus dem Wasser des »Urdbrunnens« ein kleiner See wurde. Die Zerstörung dieses Heiligtums rief den einhelligen und lang andauernden Widerstand aller Stämme hervor. Wieder führte sie ein Fürst, der zugleich ein Eingeweihter war: Wittekind, Herzog der zwölf sächsischen Großen, wie sein Titel lautet. Schon diese Stellung als Dreizehnter im Kreise von zwölf Edlen – vergleichbar der Sonne und der Zwölfheit der Tierkreisbilder – läßt auf einen spirituellen Bezug schließen: »In den nordischen Mysterien [gaben]... zwölf Diener des Initiators... ihre Kräfte an den zu Initiierenden ab.«[10] – Mit größter Grausamkeit hat Karl der Große den Krieg gegen Wittekind geführt, Deportationen und Hinrichtungen, bis zu 4500 an einem einzigen Tag, gehörten dazu. Nach dreizehn Jahren des Kampfes versuchte Wittekind, in Bettlerkleidung das Lager des Gegners auszukundschaften. Es ist Ostersonntag. Viele zerlumpte Gestalten warten vor dem Zelt, in dem die Messe zelebriert wird, auf Karl, daß er ihnen ein Almosen gebe. Wittekind späht durch einen Spalt. Als der Priester die Hostie emporhält, schaut er in ihr ein leuchtendes Kind, das an Schönheit alles übertrifft. Tief bewegt läßt er sich taufen. Es ist das Jahr 785. Unzählige Menschen sind in jenen Jahren Christen geworden, seine Taufe jedoch galt als so bedeutsames Ereignis, daß der Papst ein dreitägiges Dankfest für die gesamte Christenheit anordnete. – In der Babilonie im Wiehengebirge, ein Hügel, der von einer gewaltigen prähistorischen Fliehburg gekrönt wird, soll er mit seinem Heer auf seine Zeit warten: Nur wenigen deutschen Herrschern wurde eine derartige Bedeutung zuerkannt, daß sie für die Menschen auch im Nachtodlichen noch reale Gestalten sind, zu denen eine überzeitliche Verbindung besteht. Er ist der einzige deutsche Fürst alter Zeit, dessen Todestag noch heute alljährlich feierlich begangen wir, am 6. Januar in Enger, wo er begraben liegt. Von Otto dem Großen bis zu Friedrich II., dem Staufer, zählen ihn alle deutschen Kaiser zu ihrem Ahn.

Über Mathilde, die direkte Nachkommin Wittekinds und Gattin Heinrichs I., sind sie alle seinem Blutstrom verbunden. Vom Blutstrom der mitteleuropäischen Herrscherhäuser spricht Rudolf Steiner als von einem Strom wilder, elementarer Kraft, der bis 1200 seine Berechtigung hatte, später jedoch entartete.

Worauf wartet Wittekind, der König, wie er in seiner Heimat genannt wird? Auf ein schreckliches Geschehen in Mitteleuropa, von dem die Sagen Westfalens berichten – einer Gegend, in der über das ganze »finstere Zeitalter« hinweg bis in dieses Jahrhundert die Gabe des Zweiten Gesichts erhalten blieb? Auf die Endschlacht zwischen den Völkern des Westens und den Völkern des Ostens am Birkenbaum auf dem Hellweg, der uralten Heerstraße zwischen Rhein und Weser? Diese Menschen sahen bewaffnete Soldaten auf einer Straße vom Himmel kommen. Was nach dieser Schlacht von nur drei Tagen übrig bleibt, ist so furchtbar, daß der Zweite Weltkrieg dagegen harmlos erscheint.

Wenn eine Mysterienstätte vernichtet wird, eine Kultur stirbt, ein Volk untergeht, so gehen einem solchen Ereignis Entscheidungen in der geistigen Welt voraus. Parzival wurde nach Rudolf Steiners Aussage 869 Gralskönig. Die Sage überliefert, daß Titurel, der Urgroßvater Parzivals, den Gral empfing, der zuvor von Engeln gehütet wurde. Nehmen wir für jede Generation 33 Jahre an, so kommen wir auf das Jahr 770, und von da ab hätte Wotan seine schützende Hand von den Externsteinen abgezogen. 771 wäre dann das erste Jahr, in dem ins Bewußtsein der Feinde ungehindert Zerstörungspläne gegen das Heiligtum eindringen konnten. In diesem Jahr begann Karl der Große, für seinen großen Feldzug gegen das Sachsenland zu rüsten, der im folgenden Jahr die Vernichtung der Irminsul brachte. Wenn das nächste Mal, um 1200, die deutsche Volksseele inkarniert ist, sind die alten Wotansstämme Träger einer neuen, reichen Kultur, die in ihren tiefsten Impulsen vom Heiligen Gral gespeist wird. Wittekind ist der letzte legitime Eingeweihte der alten nordischen Mysterien, zugleich auch der erste seines Stammes, dem eine Christusschau zuteil wird.[11]

Wandlungen zum Christentum

Die germanischen Völker, die zunächst von Wotan geleitet wurden, werden später von verschiedenen Volksgeistern geführt. Dem deutschen Volksgeist fiel eine besondere Aufgabe zu, indem er sein Volk auf die führende Rolle vorzubereiten hatte, die es im Geistesleben der fünften nachatlantischen Kulturperiode spielen sollte, die mit dem Jahr 1413 einsetzt.

Mit der Zerstörung der Irminsul begann ein Prozeß der Durchchristung Mitteleuropas, der für die folgende Entwicklung von überragender Bedeutung werden sollte. Diese Durchchristung setzt damit ein, daß einzelne Glieder aus dem Blutsverband der Sippe die Ordensgelübde ablegen und in die neu gegründeten Klöster eintreten. Bereits eine Schwester Wittekinds macht damit den Anfang, vor allem aber fallen den geistlichen Geschwistern, Kindern und sonstigen Blutsverwandten der Sachsenkaiser bedeutende Aufgaben zu. Der Kaiser selbst wurde zum Bischof gesalbt – in der Spätzeit wurde er Diakon. Die heiligsten Eide wurden nicht mehr auf den Speer Wotans, sondern auf die Evangelien geleistet. Und mit derselben Tapferkeit, mit der einst das alte Inspirationszentrum verteidigt worden war, wird nun das Schicksal getragen, gegen die Feinde des Christentums zu Felde zu ziehen.

Die Landschaft Mitteleuropas veränderte ihr Gesicht. Es mußte für mehr Nahrung gesorgt werden, denn Steuern und Abgaben für weltliche oder geistliche Lehnsherrn lasteten auf den Bauern. So wurden die endlosen Wälder gerodet, Sümpfe trockengelegt und die Ackerbaumethoden unter Anleitung der Benediktiner verbessert. Die Kirche mit ihrem Turm wird zum Zentrum größerer Ansiedlungen und kündet von der Verbindung zum Geistigen im Kosmos, wie einst der heilige Baum, der nach den historischen Zeugnissen überall in Germanien Verehrung genoß. Im Süden Europas hat der Kirchturm nie eine solche Bedeutung erlangt.

Wo in den alten Mysterien Einweihungen stattfanden, wurden auch vielerlei Geheimnisse gehütet. Davon verrät noch etwas die »Edda«. Denjenigen, denen für die praktische Anwendung im äußeren Leben davon Wissen zuteil wurde, war strengstes Stillschweigen auferlegt. In sogenannten Schwurverbänden organisierten sie sich. Eine Fortsetzung fand diese Tradition in den Bauhütten des Mittelalters, wie die Steinmetzzeichen eine Fortführung der Runenritzungen sind. Runen ritzten germanische Arbeiter in einem römischen Steinbruch in der Pfalz. Jedem Stein haut der Steinmetz vor dem Versetzen ein Zeichen ein. »Alle Fragen, die mit den Steinmetzzeichen zusammenhängen, können heute noch nicht als ausreichend geklärt angesehen werden«, lesen wir in einem Fachbuch.[12] Warum diese ungeheure Mühe, handelt es sich um ein Kennzeichen der Hütte – was im allgemeinen verneint wird –, um ein Markenzeichen des anonymen Handwerkers, um einen Maßstab für die Entlohnung, wie auch schon behauptet wurde? Es gibt nur eine sinnvolle Erklärung: Dem Zeichen sollte ein Zauber des Heils innewohnen, etwas, was böse Mächte abwehrt. Jede Rune stand ursprünglich für ein Wort, für ein Bild eines größeren Zusammenhangs. So ist auch das Steinmetzzeichen Bild für ein Übergeordnetes. Oft genug enthält es ein Kreuz oder ein Dreieck, Sinnbild der Trinität, oder andere Zeichen oder Teile von Zeichen einer Verbindung mit dem Göttlichen. Vielfältige Wandlungen machte die mitteleuropäische Kunst des Schneidens in Holz, des Hauens in Stein, des Ritzens in Erz durch – in allen diesen Techniken wurden Runen überliefert. Schließlich ist es Deutschland, wo der Buchdruck erfunden, der erste Kupferstich und wahrscheinlich auch der erste Holzschnitt geschaffen wurde.

Das Kunstschaffen der Germanen fand seinen vollkommenen Ausdruck in der Goldschmiedekunst der Völkerwanderungszeit. Wohl sind Anregungen, insbesondere technischer Art, von Kulturen übernommen worden, mit denen eine Berührung stattfand – im Westen von Rom und von den Kelten, im Osten vom Hellenismus, vom Iran und den Nachfahren der Skythen. Das Eigene aber liegt in der Verbindung des Edelsteins mit sogenannten organischen Formen, sei es im Flechtband, sei es im Tierstil, der das Tier zum bloßen Ornament auseinandernimmt, aber rhythmisiert, nach Gesetzen ordnet, bewegt und dynamisch gestaltet. In der Natur erlebte der Germane die Geistigkeit des Kosmos, und diese ist es, die in ätherischer Fülle in den Formen der Metalle eingefangen wird, aus denen das Aurische in den Farben edler Steine leuchtet. Dieses Können wird mit dem Eintauchen in das Christentum vor allem in den Dienst der Kirche gestellt. Alles, was zum Kult gehört, wird mit edlen Metallen und Steinen ausgestattet. Höhepunkte einer langen und großartigen Entwicklung auf diesem Gebiet sind die Reliquienschreine des Kölner Raumes, insbesondere der Dreikönigsschrein. Um 600 ist die germanische Goldschmiedekunst vollendet, um 1200 erlebt die Goldschmiedekunst im deutschen Raum eine glanzvolle Entfaltung, wie sie nirgendwo im Abendland erreicht oder übertroffen wurde.

Wie der deutsche Volksgeist sich in der Dichtung offenbart, schildert Lauer, und zwar zunächst für die Epik: Um 600 mag das Nibelungenlied in der mündlichen Überlieferung Gestalt angenommen haben, um 1200 tritt dann vor allem Wolfram von Eschenbach hervor. Lauer charakterisiert die dazwischenliegende Zeit als solche, in der Fremdes aufgesogen wird. Doch erscheint die Unterscheidung wesentlich, ob Fremdes aus Mangel an eigenen Impulsen oder aus der schicksalsgebotenen Notwendigkeit angenommen wird, eigenes Bestreben inspirieren zu lassen. Entstammen die Anregungen des 9. Jahrhunderts den Evangelien, so die des 16. Jahrhunderts der Renaissance Italiens. In den jeweils folgenden Jahrhunderten wird das Aufgenommene einmal zur durchchristeten Kunst Mitteleuropas, das andere Mal zur deutschen Klassik gewandelt.

In Sachsen entsteht eine erste Nachdichtung der Evangelien, in der der neue Stoff dem überlieferten Empfinden angepaßt wird. Zur kraftvollen Heldengestalt wird Christus im »Heliand«, der von einem anonymen Geistlichen um 830 verfaßt wurde. Gleichfalls im 9. Jahrhundert lebte der erste namentlich bekannte deutsche Dichter, Otfried, nämlich im Kloster Weißenburg im Elsaß, der das Leben Christi im »Krist« nacherzählte. Damit wird die deutsche Sprache fähig, den heiligen Schriften als Gefäß zu dienen. In der nächsten »Zwischenperiode«, genau zwischen 1200 und 1800, erscheint Luthers Bibelübersetzung.

Beim genaueren Studium der Geschichte zeigt sich, daß sich die deutsche Volksseele immer dann zurückzieht, wenn der stärkere Impuls, der esoterische, im Verborgenen neue Kraft entfaltet. Beginnt diese Kraft, im äußeren Leben erkennbar zu werden, so tritt auch die deutsche Volksseele wieder deutlicher in Erscheinung. Als Parzival 869 Gralskönig wird, vereinigt sich die Grals- mit der Artusströmung. Unerkannt entsendet der Gral seine helfenden Sendboten in die Welt, wie die Lohengrin-Sage es schildert. 1118 aber, mit der Konstitution des Templerordens, treten die Gralsdiener sichtbar vor die Welt, auch wenn ihr spirituelles Geheimnis unbekannt bleibt. Soweit es Dichtung zuläßt, wird kurz vor 1200 auch in ihr etwas von der Gralsbruderschaft enthüllt.

In der nächsten »Zwischenperiode«, in der die deutsche Volksseele sich wieder zurückzieht, also zwischen 1400 und 1600, lebt Christian Rosenkreuz. 1413 wird er initiiert, 1484 stirbt er. Nur im Verborgenen soll die von ihm begründete Bruderschaft wirken. Erst hundert Jahre nach seinem Tod darf sie der Welt von ihm und von ihren Zielen künden. Das geschieht ab 1602.[13]

In den bildenden Künsten war nur die Metallarbeit dem Germanen so vertraut, daß er es darin zu Schöpfungen überzeitlicher Reife brachte. Steine zu behauen, um sie dann zu einem Bauwerk zusammenzufügen, war ihm ebenso fremd wie das Aufstellen von steinernen Bildwerken in Menschengestalt zur Erinnerung an historische Gestalten oder als Sinnbild einer Idee. Das gleiche galt für die Malerei. – So arbeitete der Künstler im Karolingerreich, wenn er nicht sogar Fremder war, nach fremdländischem, nach antikem Vorbild. Um das Jahr 1000 vermag er, die Architektur, die ihre Formelemente aus dem Süden bezog, dem eigenen Wesen anzuverwandeln und neue Akzente zu setzen. Die Malerei erlebt um die Jahrtausendwende in der Reichenauer Schule einen Höhepunkt, der in der Miniaturmalerei des ganzen Abendlandes einzigartig ist. Hier wirkt der deutsche Volksgeist als Inspirator kraftvoll auf eine – denn die Hand desselben Malers läßt sich sowohl beim Evangeliar Ottos III., bei der Bamberger Apokalypse als auch beim Perikopenbuch Heinrichs II. nachweisen – oder mehrere Persönlichkeiten ein.[14] Im ersten Drittel des 11. Jahrhunderts entstehen aus gleicher äußerer Ursache jene beiden Stiftungen, die Grundlagen für Dome schufen, in denen nach 1200 die deutsche Steinbildhauerei eine Vollendung erreichte wie später niemals wieder, eine Vollendung, die sie mit den Bildwerken in Bamberg und Naumburg für kurze Zeit in Europa führend werden ließ.

Der Volksgeist wirkt natürlich auch in den sozialen Beziehungen und in den gedanklichen Leistungen Mitteleuropas. Tugenden und Laster haben Denken und Empfinden

21

des gesamten Mittelalters stark geprägt. Nicht die Kardinaltugenden sollen uns hier beschäftigen, sondern die zwölf Tugenden, die der Geistesschüler nach den Angaben Rudolf Steiners im Leben berücksichtigen soll und die sich auf dem Weg der Läuterung des Schülers in zwölf christliche Tugenden verwandeln. Einige erkennen wir in den zwölf Tugendblumen der Artusrunde wieder, von denen die mittelalterliche Dichtung berichtet (Albrecht von Scharfenberg).[15] Diese zwölf Tugenden sind: Ehrfurcht, inneres Gleichgewicht, Ausdauer, Selbstlosigkeit, Mitleid, Höflichkeit, Zufriedenheit, Geduld, Gedankenkontrolle, Mut, Verschwiegenheit, Großmut.[16] Sechs dieser Tugenden hat vorwiegend das Mönchstum des Mittelalters ausgebildet: Ehrfurcht, Selbstlosigkeit, Mitleid, Geduld, Gedankenkontrolle, Verschwiegenheit. Eine Tugend ist vor allem bei den Handwerkern der mittelalterlichen Städte anzutreffen: Zufriedenheit. Fünf weitere aber sind Kerntugenden des Rittertums: Mut, Ausdauer, Großmut, Höflichkeit und inneres Gleichgewicht im Sinne der »mâsze« (rechtes Maß). Diese Tugenden sind nicht auf Mitteleuropa beschränkt.

Werden diese Tugenden verwandelt, so entstehen aus ihnen in entsprechender Reihenfolge: Opferkraft, Fortschritt, Treue, Katharsis, Freiheit, Herzenstakt, Gelassenheit, Einsicht, Wahrheitsempfinden, Erlöserkraft, Meditationskraft, Liebe. Kann hier nicht dem nachgegangen werden, wie einzelne Persönlichkeiten oder ansatzweise bestimmte Orden diese Verwandlung geleistet haben, so ist doch *eine* Tugend in Mitteleuropa aus dem germanischen Erbe im deutschen Rittertum so verwandelt worden, daß sie prägender Charakterzug der Deutschen wurde: die Treue.

In unermüdlicher Ausdauer hat der Germane – erfüllt von der Notwendigkeit des einmal Entschiedenen – um die Erfüllung seines Schicksals gekämpft, auch wenn damit der eigene Tod oder der Untergang des Stammes besiegelt war. Daraus wurde die Treue als höchste Tugend des ritterlichen Lehnsmannes, der wiederum die Treueverpflichtung des Lehnsherrn entsprach, für Schutz und Wohl des Dienenden zu sorgen. Aus allen Treueverpflichtungen entlassen war der, den die Reichsacht traf, schutzlos und vogelfrei. Oberster Lehnsherr war der deutsche Kaiser, Spitze einer Hierarchie von Treuebeziehungen, die die ganze Gesellschaft durchdrang. Auch in den Minnedienst, der von kör-

22

perlichen Beziehungen frei sein sollte, drang das Ideal der Treue ein. Ausgangspunkt der Reichsgründung durch Otto den Großen war die Idee, daß der Kaiser selbst der Treue gegenüber einem Höheren unterworfen sei, daß er bis zur Wiederkunft Christi das irdische Reich gleichsam treuhänderisch für ihn verwalten sollte. Damit reichte die Hierarchie der Treuebindungen bis in die geistige Welt. Der stolze Ton so mancher kaiserlicher Briefe an die Päpste erklärt sich aus dieser Tatsache. Weil andere Tugenden nicht gleichermaßen entwickelt und damit zu einem Gleichgewicht geführt wurden, konnte diese höchste schließlich bei den Deutschen zu solcher Entartung geraten, daß noch die Helfershelfer der Barbarei des Dritten Reiches sich hinter dem Treueeid, den sie dem Führer geleistet hatten, verschanzten. Die Geschichte des deutschen Mittelalters aber ist ohne ein Verständnis der Errungenschaft dieser leuchtenden Tugend nicht zu begreifen; richtig verstanden besagt sie Treue gegenüber dem eigenen Schicksal, dem Karma.

Bedeutende Persönlichkeiten, die der deutsche Volksgeist inspirierte, lebten in allen Jahrhunderten. Die Rhythmen von jeweils 600 Jahren beziehen sich jedoch auf seine Hülle, die Volksseele. Das Aurische dieser Seele ergreift mehr Menschen als nur diejenigen, die zu geistigen Führungsaufgaben berufen sind. Deshalb ist um 1200 neben den herausragenden Schöpfungen einiger weniger Künstler ein breiter Strom schöner Leistungen in Dichtung und bildenden Künsten erkennbar. Die Erzengel wirken vor allem durch Inspiration, so auch der Volksgeist, der ein Wesen dieser Hierarchie ist. Leistungen, die einsam in ihrem Umfeld stehen, haben wir aufzusuchen, wenn wir die sichtbaren Spuren seines Wirkens finden wollen. Das ist nicht immer einfach angesichts all der zwischenzeitlichen Zerstörungen, wobei die Widersachermächte oft gerade das Zeichenhafte zu vernichten suchen. Wir werden keine Entwicklungsgeschichte deutscher Architektur und Plastik im Zeitalter der Romanik vor uns abrollen lassen, sondern nur das Besondere, das Zeichenhafte aufsuchen, wo es sich in seinem Ursprung enthüllt.

Wir werden in der zeitlichen Eingrenzung der zu betrachtenden Periode dem Gebrauch der älteren Kunstgeschichte folgen und unter Romanik die Zeit von 1000 bis 1250 verstehen, was teilweise jetzt noch üblich ist, während manche Forscher sie durch Voransetzen einer ottonischen und Anfügen einer staufischen Epoche einengen. Wir

23

fassen dabei zusammen, was geistig zusammengehört. Das bedeutet, daß wir alles zur romanischen Plastik zählen – denn hier wird die Zuordnung strittig –, was ihren Geist atmet, auch wenn das dazugehörige Architekturgehäuse gotisch ist. Wir zählen also wie Max Hauttmann, der hervorragende Spezialist mittelalterlicher Kunst der zwanziger Jahre, auch die Naumburger Stifterfiguren zur romanischen Plastik und folgen ihm, wenn er in dem Kapitel »Die Kunst des romanischen Stils« sagt: »Nur in Franken tritt Bamberg... aus dem Provinziellen heraus, um gleich in die Linie Naumburg–Straßburg hinaufzustoßen, als dritter Gipfelpunkt deutscher Plastik.«[17]

Kämpfe der Herrscherhäuser für ein johanneisches Christentum

Geisteswissenschaftliche Forschung ist genötigt, den Blick in andere Bereiche zu richten als die historisch-kritische oder der historische Materialismus. Sie verfolgt das handelnde Individuum als schon vor seiner Geburt eingebunden in Pflichten, Ziele und Strömungen, die in vorangegangenen Erdenleben ihre Ursachen haben.

Die Begriffe wandeln sich, mit denen vom Geiste und von den Wesen der Hierarchien gesprochen wird, doch diese Wesen selbst sind von Leben zu Leben Begleiter der Menschen: als Mahner, als Helfer, als Versucher. Aber nicht allein in dieser Weise beeinflussen sie die Geschicke der Menschen, sondern die historischen Ereignisse selbst sind Spiegelbilder oder Folgen von Götterkämpfen. Wesenheiten ergießen sich in die Seele des Menschen, ihn hierhin führend oder dorthin lockend. Wesenheiten kämpfen gegen Wesenheiten in Götterwelten, wie es so großartig die »Edda« schildert. Der Sieger kann seine Absichten wesenhaft in das Zeitgeschehen einströmen lassen, mächtige Impulse entfachend oder auch Zerstörung bewirkend. Der Engel begleitet den Lebensweg eines Menschen, der Erzengel ruft für sein Volk bedeutende Persönlichkeiten zu ihren Taten auf, der Zeitgeist schickt in die Repräsentanten ihrer Zeit, die sie schaffend prägen, seine Impulse.

In Mitteleuropa lebte ein besonderes Erbe im Blutstrom der Herrschergeschlechter, die sich im Mittelalter alle von Wittekind herleiteten. »Ja, es galt lange Zeit hindurch als ein ungeschriebenes Gesetz, daß jeder deutsche Kaiser und jeder deutsche König seine Abstammung von Widukind herleiten mußte.«[18] Er war der letzte Kämpfer für die Wotansmysterien an den Externsteinen, die die Einweihung durch Herausreißen des Menschen im Erleben der göttlich-geistigen Außenwelt vollzogen. Der Myste erlebte die elementarische Natur, bevor er zur Erfahrung der Götterkämpfe aufstieg. Versenkte er sich in das, was ihm im Erbstrom gegeben war, so konnte er sein eigenes Schicksal finden, dessen Erfüllung höchstes Gebot war. Bis in unsere Zeit ist in dieser Gegend bei den Nachkommen der alten Sachsen die Gabe natürlichen Hellsehens nicht versiegt. Welche Bedeutung ihr in vergangenen Zeiten zukam, erkennen wir an folgenden Worten: »Wer nicht die Gabe des Wahrträumens, des Vorgesichtes hatte, galt im Grunde nicht für adelig. Könige und Königinnen zeichneten sich vor allem andern aus durch ihre Begabung, zum Beispiel ihr Schicksal vorahnend zu träumen.«[19] Vor diesem Hintergrund ist zu sehen, was Rudolf Steiner über die mitteleuropäischen Herrscherhäuser sagt. Er spricht von Nibelungenmenschen, die »ein viel instinktiveres, ein elementareres Fühlen hatten als die Menschen der späteren Zeit..., das mit einer ursprünglicheren Kraft als später aus der Menschenseele hervorquillt«.[20] Seit dem 13. Jahrhundert verliert aber die »alte Seelenkultur« ihre Berechtigung, sie wird dekadent. Aus alten Mysterien erwachsen, gelang diesem Strom die Verbindung zu den neuen Mysterien nicht – einzelne Individualitäten vielleicht ausgenommen.

Verfolgen wir die mitteleuropäische Geschichte in großen Zügen, so lernen wir in der Zeit zwischen 918 und 1250 drei Geschlechter kennen, jedes regiert mehr als ein volles Jahrhundert, die Sachsen, die Salier, die Staufer. Jedem dieser Herrscherhäuser fällt die Führung in Kämpfen zu, die die Geschicke ganz Europas betreffen. Die Sachsen führen den Kampf gegen heidnische Völker des Ostens, die raubend und mordend nach Westen dringen, gegen Polen, Ungarn und Slawen. Sie unterwerfen sie und fördern die Christianisierung durch Gründung von Städten und Bistümern. Die Salier setzen diesen Kampf bis zu einem gewissen Grade fort, treten jedoch durch ihre Auseinandersetzung mit dem

»Pseudochristentum« Roms in die Weltgeschichte ein, durch ihren Kampf gegen das Papsttum. Die Staufer sind die Kaiser der Kreuzzüge, darüber hinaus aber sind sie wie kein anderes Herrschergeschlecht dunklen Mächten in der Gestalt herausragender Zeitgenossen konfrontiert. Den Kampf gegen das Papsttum setzen sie energisch fort.

Die Geschichte der deutschen Kunst des Mittelalters ist in ihren vorzüglichsten Werken eng mit der politischen Geschichte, mit der Geschichte der Herrscherhäuser verbunden, so daß wir diese in großen Linien verfolgen müssen, um zu erkennen, wie göttliche Wesen hinter allem stehen und wie die bildende Kunst von demselben freien und kraftvollen Geist durchweht wird, der die Taten der Kaiser prägt. Da uns jedoch Kunsterkenntnis leitet und nicht die Erkenntnis sozialer Beziehungen, werden wir hervorheben, was jener dient, und vernachlässigen, was diese allein betrifft.

Niemals ist es gleichgültig, an welchem Ort sich Bedeutsames ereignet. Das war so in der Vergangenheit, das ist heute so und hängt mit Kräften zusammen, die aus den Tiefen der Erde herauf- und von den Sternen hereinstrahlen. Die Geisteskultur Mitteleuropas ging in vorromanischer Zeit von den Externsteinen aus. Erzengel walteten über ihnen. Wotan wurde zum Inspirator des Heiligen Gral. Was geschah mit den anderen Göttern? Rudolf Steiner schildert, wie im Mittelalter gute Archangeloiwesen vom Norden nach dem Süden wirkten.[21] So wird erst eine Ichkultur möglich, deren Anfänge wir in der romanischen Zeit erblicken und die unsere Zeit vorbereitet. Alle Orte außer Hildesheim – mit einer Abweichung von noch nicht einmal 50 km –, deren Architektur und Plastik uns vor die Seele treten werden, liegen südlich der Externsteine: Köln, Mainz, Worms, Straßburg, Naumburg, Bamberg, Würzburg. Würden wir uns auch der Malerei zuwenden, so wäre noch die Insel Reichenau im Bodensee zu nennen.

Wir wissen, welche Bedeutung der Speer für die Wotansmysterien hatte. Dreierlei gehörte bei den Germanen zur Königsweihe: »Erhebung auf einen Schild, Übergabe einer Lanze und Stuhlsetzung.«[22] Die Historiker bezeichnen die Kaiserkrönung Ottos des Großen 962 als den Beginn des Heiligen Römischen Reiches Deutscher Nation. Geistesgeschichtlich aber setzt es mit der Übergabe der Heiligen Lanze im Jahr 926 ein. Der burgundische König überreichte sie in Worms dem deutschen König Heinrich I. Sie war von der heiligen Helena, der Mutter Konstantins, aus Palästina mitgebracht worden und galt in ottonischer Zeit – so Thietmar von Merseburg – als die Lanze des Longinus, der zudem ein Nagel vom Kreuz Christi eingefügt war. Auch als man sie später für die Lanze des heiligen Mauritius hielt und eine zur Zeit der Kreuzzüge gefundene für die echte, war sie für das mittelalterliche Kaiserreich und für alle, die bis in neuere Zeiten ihr Heil von ihr ableiteten, das heiligste Unterpfand göttlicher Sendung. In neuerer Zeit wurde die Ansicht widerlegt, daß es sich um die Lanze des Mauritius und nicht um die des Longinus handelt.[23]

Als König trennte sich Heinrich von seiner ersten Frau und heiratete Mathilde, die Nachfahrin Wittekinds. Ihr ältester Sohn, Otto I., erbte das Reich, der zweite empörte sich gegen seinen Bruder, der jüngste, Bruno, wurde Erzbischof von Köln und Kanzler des Reiches. Seine Bautätigkeit kündet noch heute von ihm. Nach dem Tod des Vaters wandte sich Heinrichs I. ältester Sohn aus erster Ehe gegen Otto. Es ist, als ob Schicksalsmächte sprächen, den Sohn der Mathilde schützend, Tammo dem Tod überantwortend. Er flieht und legt Waffen und den goldenen Halsring, in vorchristlicher Zeit Zeichen der Königswürde, auf den Altar an den Externsteinen nieder und fällt durch eine ihn rücklings treffende Lanze. Ottos I. natürlicher Sohn Wilhelm, sein ältester, wurde Erzbischof von Mainz; auf dem Thron folgte ihm Otto II. aus der zweiten Ehe mit der Witwe des Langobardenkönigs, Adelheid. Diesen vermählte er mit der Nichte des byzantinischen Kaisers, Theophanu. Dessen Sohn ist der erste in der Reihe der Kaiser, die als kleine Kinder das Reich erben. Auf Veranlassung seines Vaters wird Otto III. im Alter von drei Jahren am Weihnachtstag in Aachen zum König gesalbt. Nach Beendigung des Hochamtes trifft der Bote mit der Nachricht ein, daß sein Vater vor achtzehn Tagen in Italien gestorben ist. Als Otto III. kinderlos stirbt, gibt es drei ernsthafte Bewerber um die Königswürde, dem direkten Erbstrom angehörend jedoch nur Heinrich, den Herzog von Bayern. Heinrich bemächtigt sich der Kroninsignien, aber der widerstrebende Erzbischof von Köln sondert heimlich die Heilige Lanze ab. Heinrich läßt ihn festnehmen, um sie zurückzuerhalten. In Mainz durch den Primus gekrönt, zieht er zu den Stämmen, die ihn noch nicht anerkannt haben. Sein Zeitgenosse Thietmar von Merseburg schildert, wie die sächsischen Großen ihm in Merseburg huldigen. Nach einer Rede Heinrichs II. »ergriff Herzog Bernhard die heilige Lanze und betraute ihn im Namen aller mit der Sorge um das Reich. Wieder dröhnt es von Beifall und preisend erklingen die Stimmen Aller, Christus zum Dank für die großen und herrlichen Gaben.«[24] Heinrichs Nachfolger trennt diese Lanze vom Schaft und läßt sie mit einem Span vom Kreuz Christi in ein Kreuz fassen, das noch heute in Wien zu sehen ist. Als Heilbringer hatte sie sich – Kampf verhindernd oder Sieg bringend – bewährt, auch bei der Entscheidungsschlacht auf dem Lechfeld, als Otto der Große sie trug.

Die Heilige Lanze ist das äußere Symbol, das den Bogen von den Wotansmysterien, wo der Einzuweihende, mit dem Speer verwundet, am heiligen Holz hing, zu den Gralsmysterien spannt, deren Inspirator Wotan wurde. Dem Gralskönig, der nicht frei von irdischen Wünschen war, bereitete der Speer unendliche Schmerzen.

Es ist eine Frage, ob die Kaiser des Mittelalters selbst Eingeweihte gewesen sind. Durch die Weihe zum deutschen König wurden Otto I. und seine Nachfolger zum Bischof gesalbt. »Der gesalbte König gehörte daher fortan als einziger Laie zu... den Gesalbten des Herrn.«[25] Der König verspricht im Verlauf des Rituals, daß er »die Kirche, ihre Leiter und das ganze Volk, so wie es seine Vorfahren taten, gerecht und fromm verteidigen und regieren« will.[26] Es heißt, »daß die Salbung das Herz des Königs zur Liebe der göttlichen Gnade entzünden soll« und daß ihm durch sie der Heilige Geist übermittelt wird, wodurch er – wie Paulus vor Damaskus – in einen anderen Menschen verwandelt wird.[27] Seit Otto I. wurde der Krönungsornat dem der Hohen Priester im Alten Testament angeglichen: Mantel mit Sternenfiguren, Schellengürtel mit blauen und roten Bändern. Das Gewand Kaiser Heinrichs II. ahmt die aus der Antike herrührende priesterliche Purpurbinde der byzantinischen Kaiser nach. – All diese Einzelheiten und das Selbstverständnis der Ottonen und Salier als Statthalter Christi auf Erden, die das Reich bis zu seiner Wiederkunft gleichsam treuhänderisch zu verwalten haben, lassen auch andere Deutungen zu. Eindeutig für den geisteswissenschaftlich Geschulten aber ist die Aussage, »daß in den Krönungsgebeten der Zeit Ottos I. gesagt wurde, daß der König den *typus Christi* trage«.[28] Trägt ein Mensch den Typus einer Wesenheit an sich, so ist von dieser Wesenheit etwas so in ihn eingeprägt worden, daß es in seinem Angesicht zur Erscheinung tritt, vergleichbar etwa dem Typischen, das im Erbstrom lebt. Der Typus besitzt Dauer, im Unterschied zum bloß seelischen Durchdrungen- oder Erfaßtsein von einer fremden Wesenheit, das auf Außenstehende einen anziehenden oder abstoßenden Eindruck macht, aber eindeutig als Seelisches erfahrbar ist. Wenn wir also vom »*typus Christi*« lesen, so werden wir auf die Tatsache aufmerksam, die Rudolf Steiner mit folgenden Worten beschreibt: »So gab es viele derjenigen, die wir als die großen Träger des Christentums im Abendland kennen, ... die einverwoben gehabt haben in ihrem Ätherleib ein Abbild des Ätherleibes des Jesus von Nazareth. Daher konnten ihnen aufgehen die großen Visionen, die großen vorbildlichen Ideen, die dann ihre Ausgestaltung gefunden haben bei den großen Malern und Bildhauern.«[29]

Die Überlieferungen aus der Zeit der romanischen Kunst sind zu dürftig, um entscheiden zu können, inwieweit die Kaiser nicht nur als Auftraggeber, sondern auch als geistige Urheber von Kunstwerken auftraten, etwa mit genauen Angaben, wie sie Kaiser Maximilian I. Dürer oder Altdorfer machte. Daß Kaiser Friedrich II. seine Festungen in Apulien, allen voran das in seiner Formensprache unvergleichliche Castel del Monte, selbst entwarf, ist bekannt. Wie aber steht es mit den bedeutenden Handschriften des Mittelalters, im Besitz der sächsischen Kaiser und für sie gemalt, dem Evangeliar Ottos III. und dem Perikopenbuch Heinrichs II., des Heiligen? Was ein Riemenschneider auf der Tumba Heinrichs II. und Kunigundes im Bamberger Dom darstellt, das hat zum Teil überlieferte kaiserliche Visionen zum Inhalt. Thietmar von Merseburg berichtet von der Gabe des natürlichen Hellsehens bei Königin Mathilde, der Mutter Ottos des Großen. Klingt es nicht auch wie eine Schau, wenn Friedrich Barbarossa 1190 vor Iconium, als sich sechshundert berittene Kreuzfahrer einem gewaltigen Türkenheer gegenübersahen, ausrief: »Christus siegt! Christus ist König! Christus ist Kaiser!« und sich dann in den Kampf stürzte?[30] Als Sieger zog er in die Stadt ein.

Auf den kinderlosen Heinrich II. folgt der Urenkel von Ottos I. Tochter Luitgard, Konrad II., der erste Salier. Sein Enkel, Heinrich IV., gibt seine Tochter Agnes dem Vater des ersten Staufers, Konrad III., zur Frau.

Es kann hier nicht auf die bedeutenden nahen und nächsten Anverwandten geistlichen Standes gerade der Sachsenkaiser eingegangen werden, auch das Miteinander und Gegeneinander von Kaiser und Papst können wir nur streifen. Bis 1056 war es durchaus nicht ungewöhnlich, daß der Kaiser Päpste absetzte, seinen Kandidaten wählen ließ, zumeist einen deutschen Bischof, vielleicht sogar einen Anverwandten wie Gregor V. oder seinen Lehrer wie Silvester II. Ja, Heinrich III. berief selbst eine Synode ein und leitete sie. Mit seinem Tod änderte sich das. Es gelang starken Persönlichkeiten der römischen Kirche, die erkannten, daß nur eine Reform ihr wieder zu Ansehen, Einfluß und weltlicher Macht verhelfen kann, ihre Kandidaten durchzusetzen, zunächst Nikolaus II., unter dem 1059 das Papstwahldekret verkündet wurde, das dem deutschen König jeglichen Einfluß raubte. Unter seinem Nachfolger, Gregor VII., entstand 1075 das Dictatus Papae, in dem es unter anderem heißt: »Nur der römische Bischof... kann je nach der Notwendigkeit neue Gesetze erlassen, neue Völker vereinigen... Er allein kann sich kaiserlicher Insignien bedienen... Der Papst ist der einzige Mensch, dem alle Fürsten die Füße küssen... Sein Name ist einzig in der Welt... Er kann Kaiser absetzen... Sein Urteil darf von niemandem verändert werden, und nur er kann die Urteile aller abändern... Der römische Bischof... wird unzweifelhaft durch die Verdienste des gottseligen Petrus geheiligt... Der Papst kann die Gläubigen von dem... Treueid entbinden.«[31] Dieser Anspruch des Papstes erregte auch bei Geistlichen Widerspruch. So konnte Heinrich IV. 1076 den Papst auf einer Synode in Worms durch sechsundzwanzig Bischöfe absetzen lassen. Als ihn Gregor daraufhin exkommuniziert, sieht er sich im folgenden Jahr zu seinem Bußgang nach Canossa genötigt. 1080 wird der Kaiser abermals exkommuniziert, nun aber läßt er einen Gegenpapst, Clemens III., wählen, erobert 1084 Rom, wo ihn dieser krönt, während Gregor in der Engelsburg gefangensitzt. Zwar befreien ihn die Normannen, doch stirbt er bereits im nächsten Jahr in der Verbannung. Nicht um die Reform einer verweltlichten Kirche ging es im Dictatus Papae, sondern um die irdische Macht. Eine gewisse Einigung bezüglich der irdischen Machtausübung schien das Konkordat von Worms 1122 zu bringen, das Heinrich V. gegen Ende seines Lebens abschloß, auch er ein Gebannter wie nach ihm die Staufer Friedrich I. und Friedrich II.

Eine in ihrer einsamen Größe und unbeirrbaren Konsequenz tragische Gestalt ist Heinrich IV. Mit sechs Jahren Halbwaise, war sein ganzes Leben Kampf, zunächst gegen den erzbischöflichen Vormund Anno von Köln, dann gegen Gregor VII., gegen einen deutschen Gegenkönig und in den letzten dreizehn Jahren seines Lebens gegen die Rebellion seiner Söhne, erst seines ältesten, Konrad, später Heinrichs, dessen Gefangener er in seinem letzten Lebensjahr wurde. Der Gefangenschaft entflohen, starb er mit 56 Jahren in Lüttich. Gebannt, verlassen, schließlich von den Nächsten verraten, ist doch keinem Kaiser auch so viel Treue und so viel Ehrerbietung zuteil geworden wie ihm. Bedeutende Zeitgenossen sahen in ihm den Stellvertreter Christi und einen apokalyptischen Kaiser vom Ende der Zeiten, der über den Antichrist triumphieren werde. Als im Jahr 1900 sein Grab in Speyer geöffnet wurde, waren seine überliefert edlen Züge noch erkennbar.[32] Im Todesjahr Gregors erließ er für das gesamte Reich einen dauernden Gottesfrieden. Clunys Abt war Heinrichs Pate, von Cluny ging die Reformbewegung gegen die Verweltlichung der Geistlichkeit und auch das Anliegen des Gottesfriedens aus. Vor welchem Abgrund aber stand die Kirche gerade infolge der Ansprüche Gregors VII., des ehemaligen Kluniazensermönches! Nicht zu Unrecht nennt ihn Heinrich den falschen Mönch. Hier beginnen dämonische Mächte zu sprechen, die Feinde eines spirituellen Christentums, die später die Päpste veranlassen, zur Vernichtung der Albigenser und der Templer die Hand zu reichen. Es ist bemerkenswert, wie Rom zuerst auf eine Schwächung Mitteleuropas zielt, um dann zwischen 1209 und 1308 freie Hand für die Vernichtung des johanneischen Christentums in Frankreich zu haben. Im Kampf gegen den Universalanspruch der römischen Kirche als geistige und weltliche Macht ging Heinrich IV. unbeirrbar den ihm von Schicksal vorgezeichneten schweren Weg, wie ihn in dieser Konsequenz nur Eingeweihte zu gehen pflegen.

Noch einmal gab es eine Persönlichkeit, von der ähnliches zu sagen ist: den letzten Staufer, Friedrich II. Schon die Zeitgenossen erkannten, daß beim Untergang der Staufer dunkle Kräfte im Spiel waren. Wo rühren sie her? Die Rolle der Normannen im Kampf zwischen Papst und Kaiser ist im Hinblick auf die geistesgeschichtlichen Hintergründe noch zu wenig gewürdigt worden. Die Normannen sind die Nachkommen heidnischer Wikinger, deren Grausamkeit und Unberechenbarkeit von den Historikern hervorgehoben wurde. Von Nordfrankreich aus erobern sie sich zu einem bestimmten Zeitpunkt Reiche in England und Sizilien. Man gewinnt den Eindruck, daß Geistwesen hinter ihnen stehen.

In der Spätzeit, als ihre Zeit abgelaufen ist, beginnen die germanisch-heidnischen Mysterien dekadent zu werden. An die Stelle der Einweihung durch den Scheintod des Hängens am Holz tritt die Tötung freier Männer, die als Hängeopfer Odin geweiht werden. Schweden, die Heimat der Wikinger, widersteht der Christianisierung am längsten. In Alt-Uppsala werden noch im 11. Jahrhundert Hängeopfer dargebracht. 1060 zerstören die Christen den dortigen Tempel. Die dunklen Götter, die über ihm walteten, wirken nun in die abendländische Geschichte hinein. Die Normannen erobern Süditalien. Robert Guiscard erhält 1059 von Papst Nikolaus II. den Herzogstitel. Sein Bruder Roger beginnt 1061 mit der Eroberung Siziliens. Gregor VII. ruft die Normannen zu Hilfe, und sie legen Rom in Schutt und Asche. Sizilien wird unter ihm päpstliches Lehen. 1066 erobert Wilhelm England. 1130 schließlich erhält Roger II., dessen Haus das Verderben der Staufer besiegelt, vom Papst den Königstitel für Sizilien. Seine Tochter Konstanze wird Gattin Kaiser Heinrichs VI.

Friedrich Häusler hat gezeigt, daß die Klingsorburg Kalot Bobot mit der Normannenburg Caltabelotta auf Sizilien und Klingsor mit dem Gegenspieler Friedrichs II., Richard von Acerra, identisch sind.[33] Während im Norden Europas den Menschenopfern Einhalt geboten wurde, wurden im Süden Menschen Opfer schwarzmagischer Praktiken. Wir wollen nur in diesem einen Punkt dem weiteren Verlauf der Kämpfe zwischen Kaiser und Papst nachgehen, die unter Friedrich Barbarossa einen abermaligen Höhepunkt erreicht hatten.

Sieben Jahre nach Regierungsantritt Friedrichs kam es erneut zur Wahl zweier Päpste, Victors IV. durch die Kaiserlichen, Alexanders III. durch die Gregorianer. Alexander belegte Kaiser und Gegenpapst mit dem Bann. Nach Jahren des Exils zog er mit Hilfe des Normannenkönigs Wilhelm I., der Böse genannt, in Rom ein. Friedrich eroberte Rom, Alexander floh zu den Normannen. Plötzlich brach bei den Deutschen eine Seuche aus, die Menschen sanken beim Gehen oder Reiten einfach hin. 1177 muß sich Friedrich Alexander unterwerfen. 1180 beruft dieser ein Laterankonzil ein, auf dessen Tagesordnung die Bannung der Ketzer in Südfrankreich steht. Die Schwäche des deutschen Kaisers erlaubt dem Papst das Vorgehen gegen ein spirituelles Christentum. »Im... August 1181 starb Alexander. ... Die Mittel, derer er sich mit seinen Helfern bediente, waren dunkle. Die Römer... warfen Steine auf den Leichenzug.«[34] Alexanders Nachfolger starb bereits drei Jahre später. Ihm folgte Urban III., der den Kaiser haßte und dem italienischen Klerus die Gefolgschaft des Kaisers untersagte. Dieser ließ den Kirchenstaat besetzen.

1189 fiel Sizilien durch den Tod Wilhelms II. an Friedrichs Sohn und Erben Heinrich, den Gatten der Konstanze. Wilhelm II., mit dem Beinamen der Gute, hatte in einem Freundschaftsvertrag mit Heinrich Konstanze zur Erbin bestimmt, falls er kinderlos sterben sollte. Sie war elf Jahre älter als ihr Gatte. Es ist überliefert, daß sie die Deutschen haßte und Heinrich nach dem Leben trachtete. Aus einer normannischen Nebenlinie erwuchs ein Gegenkönig, Tankred, vermählt mit der »Klingsorschwester« Sybille. Heinrich VI. sandte seinen Marschall, Heinrich von Kalden, gegen ihn, doch mußte dieser wegen bösartiger Krankheiten im Heer umkehren. Im folgenden Jahr ergeht es Heinrich vor Neapel ebenso. Unheimliche Krankheiten haben neunzig Prozent seines Heeres dahingerafft, er selbst ist dem Tode nahe, seine Frau an den Gegenkönig ausgeliefert, aber bald aus ehrenvoller Haft entlassen. Nach Tankreds Tod erobert Heinrich Sizilien, und Sybille flieht nach Caltabelotta. Dann schließt sie Frieden mit Heinrich, kehrt nach Palermo zurück und stiftet eine Verschwörung gegen sein Leben an. Sie, der Erzbischof von Palermo und ihre Kinder werden nun als Gefangene nach Deutschland geschickt. Später erreicht der Papst ihre Rückkehr nach Sizilien. Zweieinhalb Jahre danach plant man, Heinrich auf der Jagd zu ermorden. Der Papst und Konstanze sind an der Planung beteiligt. Im gleichen Jahr, 1197, stirbt Heinrich VI. einen Tag vor Michaeli an den Folgen von Quellwasser, das er fast acht Wochen zuvor auf der Jagd getrunken hatte. Ging es dabei wirklich so ganz natürlich zu, oder siegten nun endlich seine Gegner? Jetzt beginnt die Zeit, in der die Kraft der deutschen Kaiser gegen das Papsttum nicht mehr ausreicht. Das

33

Nibelungenerbe, das in ihnen lebt, wird dekadent. Es ist dieselbe Zeit, in der der Orden der Templer zahlreiche Niederlassungen in Deutschland gründet.[35]

Kann Konstanze, die Witwe eines Staufers, ihren Gegnern als Normannenkönigin, als die sie nun auftrat, genehm gewesen sein? Ein Jahr blieb ihr nach dem Tod Heinrichs, um mit dem Papst ein Konkordat abzuschließen, ihm den Lehnseid zu leisten und ihn zum Vormund ihres Sohnes zu bestimmen, der mit vier Jahren zum sizilianischen König gekrönt wurde. Dann starb auch sie. Das elternlose Kind, ohne Schutz von Anverwandten, der Armut ausgesetzt, von Anschlägen auf sein Leben bedroht, findet nie genannte Menschen, die seine ungeheuren Geistesgaben frühzeitig und umfassend entwickeln. Sein Onkel, der deutsche König, wird von einem päpstlich gestützten Gegenkönig ermordet, den Innozenz III. im folgenden Jahr zum Kaiser krönt. Als er sich anschickt, Sizilien zu erobern, setzen ihn die deutschen Fürsten ab und wählen Friedrich II. zum König. Durch Weisheit und Wendigkeit gelingt es Friedrich, Herr seiner Reiche zu werden. Im gleichen Jahr, in dem Philipp von Schwaben ermordet wurde, beginnt der Papst, den Albigenserkreuzzug zu predigen. Noch arbeiten Friedrich und der Papst zusammen. Honorius III. krönt ihn 1220; der Kaiser unterstützt die Ketzerverfolgung. In den folgenden sieben Jahren tritt ein entscheidender Wandel ein, der tiefere Ursachen haben muß als die Nichteinhaltung eines Vertrags. Am Michaelitag 1227 bannt Gregor IX. den Kaiser, der sich im dreiunddreißigsten Lebensjahr befindet. Welche Mächte haben sich nun mit Friedrich verbündet, daß er 1229 durch Verhandlungen mit dem Sultan die kampflose Übergabe Jerusalems erreichen kann? Der Bann wird aufgehoben, ein Vertrag mit dem Papst abgeschlossen, doch die Feindseligkeiten flammen wieder auf. Gregor exkommuniziert ihn. Sein Nachfolger, Innozenz IV., flieht nach Frankreich und verkündet 1245 die Absetzung des Kaisers. Seitdem mehren sich die Anschläge auf sein Leben, angestiftet durch Innozenz. Wie sein Vater stirbt er 1250 an den Folgen einer auf einer Jagd zugezogenen Krankheit.

Innozenz kehrt aus dem Exil zurück. 1254 exkommuniziert er König Konrad, den Sohn Friedrichs, der wenige Wochen später in Italien einer Krankheit erliegt. Noch leben Enkel und natürliche Kinder des großen Staufers. Sein Sohn Manfred ist König von

Sizilien. Doch Papst Urban IV. bietet dem Bruder des französischen Königs, Karl von Anjou, die Krone Siziliens an. Karl siegt über Manfred und Konradin, den Sohn König Konrads, den letzten legitimen Staufer, den er 1268 in Neapel enthaupten läßt. Die Truppen von Karls Bruder, Ludwig IX., hatten inzwischen 1244 die letzte Katharerzuflucht Montségur eingenommen. Ludwigs Enkel, Philipp der Schöne, vernichtet den Templerorden. So zeigt sich, wie durch den Blutstrom Geistgewalten wirken, ganzen Dynastien gute oder böse Ziele weisend. Welcher Geist in der römischen Kirche des Mittelalters wirkte, davon spricht Rudolf Steiner: »Die Ecclesia catholica Romana ist geworden ein weltliches Reich. Und es ist so, daß überall da, wo die geistlichen Reiche weltliche Reiche werden, das Ahrimanische erfaßt das, was als ein Heiligtum lebt.«[36]

Friedrichs II. Wesen wird von Zeitgenossen und von späteren Historikern als zwiespältig empfunden. Schön von äußerer Gestalt, gewandt in ritterlichen Fertigkeiten, unbeirrbar in seinen Entschlüssen, gelehrt und gebildet, konnte er doch kalt selbst gegenüber Nahestehenden sein. Man gewinnt den Eindruck, daß er, der früh die Kunst des Meditierens gelernt hatte, dessen Hofastrologe bekanntermaßen ein Magier war, einen Schulungsweg gegangen ist, der sein Denken und seinen Willen in höchstem Maße entwickelte, aber sein Fühlen dabei unberücksichtigt ließ. So war er trotz glänzender Fähigkeiten nicht reif für die Gralsbotschaft, als diese ihn erreichte. Die Frage nach der höchsten Tugend, als die er in echt ritterlichem Sinn die »mâsze« erkannte, konnte er als Vorprüfung zufriedenstellend beantworten. Deshalb erhielt er drei Edelsteine, drei Mantren würden wir heute sagen. Sie wußte er nicht zu nutzen. Sie hätten das entwickelt, was ihm der Priesterkönig Johannes in Form von drei Kleinodien gesandt hatte: ein unbrennbares Kleid, Lebenswasser und einen Ring, der unsichtbar macht. Wie das Reich des Priesterkönigs, so gehört auch das Kleid nicht der physischen Welt an, obwohl es von verkörperten Menschen getragen wird, wie ja auch Johannes in einem physischen Leib lebte. Unser Ätherleib ist ein Kleid, das wir nach dem Tod ablegen. So müssen wir in diesem Kleid des Priesterkönigs das Abbild des Ätherleibes des Jesus von Nazareth sehen, das nach Rudolf Steiners Worten viele große Träger des Christentums »einverwoben gehabt haben in ihrem Ätherleib«. In dieser Formulierung erinnert sogar das Wort »ein- *35* verwoben« an ein Gewand. In diesem Abbild strömt etwas von der Christuskraft, vom Wasser des Lebens. Wer diese Kraft in sich trägt, kann unsichtbar in einer Gemeinschaft anwesend sein, worauf der Ring deutet. Mit diesen Bildern der Sage werden höchste Geheimnisse berührt, die im spirituellen Christentum bis auf unsere Tage fortleben. Da aber Friedrich die Kleinodien angenommen hatte, war er der Gralsströmung in einem gewissen Sinn schicksalsmäßig verbunden. 1236 legte er der heiligen Elisabeth, der Christuseingeweihten, um die er vergeblich geworben hatte, seine Krone ins Grab. Genau dreiunddreißig Jahre später lebte kein legitimer Erbe seines Reiches mehr.

Man sagt, das Reich des Priesterkönigs Johannes habe sich in Asien befunden. Zu jener Zeit war der Sitz der Gralsbruderschaft, deren Angehörige auch Wolfram von Eschenbach »Templeisen« nennt, in der Tat in Kleinasien. Der Großmeister der Templer residierte in Palästina. Und die Chronologie der Briefe des Priesterkönigs und der Berichte über ihn zeigt eine erstaunliche Nähe zur Chronologie eines spirituellen Christentums der Templer und später der Rosenkreuzer.[37]

Friedrich II. erwies sich als reif zum Kampf gegen das Papsttum, dem die »mâsze« zu jener Zeit fremd war, nicht aber zum Eintauchen in die Gralsbruderschaft. Im Kampf gegen jenes stellte er sich der Schicksalsaufgabe der Staufer und Salier, für die sie der deutsche Volksgeist ausersehen hatte. Es sei vermerkt, daß ihn eine lebenslange und tiefe Freundschaft mit dem Großmeister des Deutschen Ordens, Hermann von Salza, verband. Die andere Aufgabe der deutschen Kaiser, den Kampf gegen die Heiden des Ostens, wie er zum Karma der Sachsenkaiser und noch einiger Salier gehörte, hat er nicht übernommen. Hier waren nun die Ritterorden gefordert, allen voran die Templer, die trotz Tod und Niederlage in der Mongolenschlacht bei Liegnitz 1241 die Wende herbeiführten.

Die Besonderheiten des Karmas der deutschen Herrscherhäuser zeigen sich auch in Architektur und Plastik der Romanik. Der deutsche Volksgeist wirkt hier wie dort. Macht und Einflußbereich der deutschen Kaiser hatten um 1200, unter Heinrich VI. und Friedrich II., als die deutsche Volksseele ganz eingeatmet war, ihre größte Ausstrahlung erreicht.

Romanische Dome und ihr geistiger Gehalt

Gliederung des Domes als Abbild der Trinität

Machen wir uns auf die Spur, den romanischen Dom als Verwirklichung eines geistigen Inhalts zu erkennen, so stellt sich eine doppelte Frage: Wie wirkt er heute auf den, der erlebend in seine Bausubstanz eintaucht? und: Wie prägte sich Geistsubstanz zu seiner Zeit in ihm aus? Mag der geistige Inhalt des Bauwerks bestimmte äußere und innere Handlungen vom Besucher der Kultstätte verlangen, um wirksam und erlebbar, um herbeigerufen zu werden, so kann er darüber hinaus zum Weg der Seele werden. Schließlich kann der Geist als Aurisches einer Gemeinschaft, als Wesensglied einer Gottheit oder Einströmung einer Hierarchie anwesend sein, jedermann oder nur auserwählten Gliedern einer Gemeinde oder Dienern des Kultus sich offenbarend. Zum geistigen Inhalt gehört sogar das Karma derjenigen, die ein Bauwerk in seiner Idealgestalt aus der geistigen Welt herabholten, in der die Urbilder aller großen Kunstwerke lebten.

Die Erbauer der mittelalterlichen Dome waren echte Freimaurer.[38] Sie vermochten noch, wie es auch bei älteren Kultbauten der Fall war, die Bauwerke so zu fügen, daß göttliche Wesenheiten Gelegenheit fanden, »sich unter den Menschen aufzuhalten. Solche Gelegenheiten für geistige Wesenheiten, um sich unter den Menschen aufzuhalten, sind zum Beispiel die Tempel der griechischen Baukunst, sind die gotischen Dome. Wenn wir jene Formen physischer Wirklichkeit mit ihren Linien- und Kräfteverhältnissen … in unsere irdische Sphäre hineinstellen, dann bilden sie eine Gelegenheit, daß nach diesen Kräfteverhältnissen sich die ätherischen Leiber dieser Wesenheiten nach allen Seiten anschmiegen und einschmiegen können in diese von uns aufgerichteten Kunstwerke. Und Kunst ist ein wahres und wirkliches Verbindungsglied zwischen dem Menschen und geistigen Welten. Bis herauf zu jenen Kunstformen, die sich räumlich ausgestalten, haben wir auf der Erde physische Leiblichkeiten, zu denen sich Wesenheiten mit ätherischen Körpern herabsenken.«[39] Welche Wesenheiten sich in einen solchen Bau herabsenken, können wir evolutionsgeschichtlich ableiten.[40] Doch ergibt sich allein aus der Tatsache, daß nur Engel und Erzengel – nicht höhere Wesen – mit Ätherleibern in der sichtbaren Welt anwesend sind und alle romanischen Dome im deutschen Raum Menschen – Maria, Aposteln, Heiligen – geweiht sind, mit deren Karma sich ihr Schutzengel verbunden hat, die Auffassung von den Engeln als denjenigen Wesenheiten, die im romanischen Dom walten. Der Engel des Heiligen ist damit zugleich die Schutzgottheit einer Gemeinde, eines Klosters, ja einer ganzen Stadt, soweit diese Menschengemeinschaften die Beziehung zu ihm im Kultus oder im Gebet herstellen wollen und zu diesem Zweck den Ort seiner Anwesenheit aufsuchen. So erklärt sich auch die Kontinuität geistiger Wirksamkeit, die durch lange Zeiten von bestimmten Städten ausging, deren Zentrum solch ein Dom ist.

Der romanische Kultbau unterscheidet sich von der römischen Gerichtshalle zunächst durch die Krypta, die das Grab umschließt. Dann tritt die Apsis als halbkreisförmiges Element hinzu. Weiterhin entsteht das Kreuz, indem ein Querschiff das Langhaus schneidet. Und in der Spätzeit der Romanik wird diese Schnittstelle, die Vierung, von einer Kuppel überwölbt. Im Idealfall erhebt sich die Kuppel über der Krypta. Erleben wir uns wahrnehmend an dieser Stelle, so kann uns bewußt werden, wie wir in diesen drei Sphären stehen: Krypta, Kreuz und Kuppel. Mit den Füßen können wir uns hinabfühlen zum Grabraum, in dem der abgelegte Leichnam eines Geistlichen, Heiligen oder Herrschers ruht – er entspricht der untersten Region, vergleichbar dem Willensbereich. Darüber liegt das Kreuz von Längs- und Querschiff, die Sphäre des Sohnes – vergleichbar dem mittleren Bereich der Atmung und des Herzschlags –, es ist zugleich der Weg des Heils, der Weg vom Portal zum Altar. Die Vierung, in die sich der Mensch mit ausgebreiteten Armen einleben muß, um das Kreuz in sich zu erfühlen, wird gekrönt von der Kuppel – wie die menschliche Gestalt vom Haupt –, es ist die Sphäre des Geistgottes. So ist der ganze Dom ein Abbild der Trinität, die im Menschen waltet.

Man hat in der Kunstgeschichte die Baukunst der Romanik additiv genannt, weil sich all ihre Bauten aus den vier geometrischen Grundformen und den entsprechenden Raumkörpern zusammensetzen. Dies sind die geometrischen Grundformen von Quadrat, Halbkreis, Dreieck und Kreis, Flächenformen, die der Baumeister der Romanik oder der Gotik im Riß plante und an der Baustelle mit Seilen und Loten absteckte. Steht man vor der Westseite eines solchen Bauwerks, so wird das Viereck der Wand vom Dreieck des Giebels gekrönt, unter dem sich das Rad des Fensters und noch tiefer das Halbrund des Portals befinden. Im Osten schließt sich an das Quadrat des Chors der Halbkreis der Apsis an, flankiert von zwei Türmen mit kreisförmigem Grundriß, dazwischen wieder das Dreieck des Giebels. Im Innern bilden jeweils vier Pfeiler des Schiffes das Quadrat eines Joches, der Halbkreis des Triumphbogens öffnet sich zum Kreis der Vierungskuppel. Das Dreieck ist durchgängig dem Dachstuhl vorbehalten. Es ist offensichtlich: Der Grundriß ruht in seinen wesentlichsten Teilen auf Quadraten – Mittelschiff, Seitenschiffe, Querschiffe, Vierung, Chor. Der Kreis ist sparsam vertreten, im Grundriß der Türme, Vierungskuppel und gelegentlich als Radfenster, während der Halbkreis den Abschlüssen der Schiffe in Apsiden, den Portalen, Fenstern, Gewölbekonstruktionen, Triumphbögen und allen Ornamenten innen wie außen zugrunde liegt.

Guenther Wachsmuth hat diese vier geometrischen Formen mit den ätherischen Bildekräften in folgenden Zusammenhang gebracht:

Der Lebensäther bewirkt den festen Zustand und bildet viereckige Formen.
Der chemische Äther bewirkt den flüssigen Zustand und bildet halbmondförmige Formen.
Der Lichtäther bewirkt den gasförmigen Zustand und bildet dreieckige Formen.
Der Wärmeäther bewirkt den warmen Zustand und bildet sphärische Formen.[41]

In der Kunst zeigt sich, daß die »altorientalischen religiösen Bauten... das Motiv des Kreisförmigen oder des Kugeligen, Sphärischen betonen«, wogegen die ägyptische Pyramide »im Zeichen des Lichtäthers und seiner Urform, des Dreiecks«, gebaut wurde. »Während... in den Kultbauten Asiens die Urformen des Wärmeäthers... vorherrschten, tragen die Kultbauten... Kleinasiens... den Halbmond.« Der griechische Tempel ist zu verstehen aus »den Kräften des Lebensäthers, die das Salzkristall mit seinen scharfen viereckigen Formen bewirken«; der Giebel ist ein Nachklang der vorhergehenden Epoche. Weiter heißt es: »Christus brachte die stärksten und reinsten Kräfte des Klangätherischen [chemischer Äther, d. V.] und des Lebensätherischen, der Sphärenharmonie, des ›Wortes‹ und des ›Lebens‹ von der Sonne auf die Erde zurück.«[42] Mag der Bezug auf die islamische Kunst auch fragwürdig sein, so läßt sich doch die okkulte Bedeutung all dieser Formen für jede große Kultur und Religion belegen. In Einschränkung auf die christliche

Welt ist das gleichseitige Dreieck eindeutig ein Symbol der Trinität, das Quadrat das christliche Symbol für Welt und Natur, der Kreis dasjenige für die Ewigkeit. Angefügt sei noch das Tau als Symbol des Lebensweges.[43] Diese sind – neben vielen weiteren okkulten Symbolen – als Steinmetzzeichen in mittelalterlichen Kirchen und Domen belegt, auch der Halbkreis, das Kreuz usw.

Alle vier Ätherarten, Aggregatzustände und Formen, die Wachsmuth beschreibt, stehen in der romanischen Baukunst in Beziehung zur Trinität. Das Quadrat, das die Fundamente bildet und dem festen Zustand zugeordnet ist, ist dem Vatergott vergleichbar, in dem alles gründet. Christus, das Weltenwort, der Quell der Wasser des Lebens, steht in engster Beziehung zum Klangäther, der dem Wasser und dem Halbkreis entspricht. Der Halbkreis ist auf dem Weg der Schiffe von den Portalen, Bogen, Arkaden, Fenstern bis hin zu den Triumphbögen und zur Apsis am meisten ausgeprägt. Der Geistgott, der als Flamme des Pfingstereignisses über den Häuptern der Apostel dargestellt wird, ist im Wärmeäther zu finden, der dem Element des Feuers und dem Kreis der Vierungskuppel verwandt ist. Der Lichtäther, im luftförmigen Zustand vergegenwärtigt, birgt alles im Dreieck als Symbol der Trinität und zeigt sich im Bau als Giebel des Daches, das alles übergreift.

So ist der romanische Dom, von Freimaurern erbaut, eine Stätte, an der Engelwesen walten, und ein Symbol der höchsten Trinität. Er ist ein Ort, an dem der Mensch durch die Vermittlung eines Engels zu hohen christlichen Führern in Beziehung treten kann, wie es auch durch Heiligenlegenden oder durch von Reliquien bewirkte Wunder bezeugt ist. Er ist ein Ort der Sammlung einer Gemeinschaft, die dort neue Impulse empfangen kann. Er ist ferner der Ort bedeutender Ereignisse, die den ganzen sozialen Organismus betreffen. Wir werden im folgenden sehen, wie der Dom Weg der Seele werden und auf das Geistig-Seelische des Menschen wirken kann.

Der Mainzer Dom und die Doppelpoligkeit des Menschen

Das Leben des heiligen Willigis ist mit dem Schicksal des Reiches, der Ottonen und mit dem Dom zu Mainz als dem größten der deutschen Dome – nach der Zerstörung von Cluny dem größten überhaupt – so eng verbunden, daß es geboten erscheint, es in großen Zügen nachzuzeichnen. Ein weiterer Grund liegt darin, daß wir zumeist wohl wissen, wer der Auftraggeber eines Dombaus war, wer ihn weihte, aber nur selten den Namen dessen, der ihn entwarf, der den Plan aus der geistigen Welt empfing und realisierte. Im Fall von Cluny überliefert eine Handschrift, wie der Mönch Gunzo die Heiligen, denen die Kirche geweiht ist, schaute, als sie die Raumeslinien für den Kirchenbau absteckten.[44] Beim Mainzer Dom der Jahrtausendwende war Willigis nicht nur der Bauherr, er konzipierte ihn auch. Somit müssen wir ihn zu den Freimaurern rechnen. Er gehört also zu denen, die einen mittelalterlichen Schulungsweg gegangen sind.

Es gab im Mittelalter die verschiedensten Schulungswege. Es gab Menschen, die ein Abbild des Ätherleibes des Jesus von Nazareth an sich trugen; andere gingen Wege, die aus den alten nordischen oder aus asiatischen Mysterien stammen. Wurden diese Wege zu egoistischen Zwecken mißbraucht, so wurde aus dem Mysten ein Zauberer, wie etwa Richard von Acerra. Auch die Alchimie konnte zur Zauberkunde geraten, wie im Fall der Goldmacherei, mit der zum Beispiel ein Abt von Maulbronn den historischen Faust beauftragte. An Alchimie war Bischof Bernward von Hildesheim interessiert, und Gerbert von Aurillac, der spätere Papst Silvester II., galt nicht nur als Zauberer, er hatte in seiner Jugend sogar einem arabischen Gelehrten ein Zauberbuch geraubt. Beide werden uns im Leben des Willigis als seine Gegenspieler begegnen.

Was der gelehrte Chronist Thietmar von Merseburg, selbst Bischof, über die Geburt des Willigis berichtet, deutet auf eine herausragende Individualität: »Wir dürfen aber nicht verschweigen, wie sehr Gottes Güte im voraus auf diesen zukünftigen Hirten hingewiesen hat; seine Mutter war zwar eine ziemlich arme, trotzdem aber wackere Frau…: Während sie mit ihm schwanger ging, sah sie im Traume, wie ein Sonnenleuchten aus ihrem Schoße die ganze Erde mit Flammenstrahlen erfüllte. Und in der Nacht, in

41

der sie diesen Sohn gebar, gebar auch alles Vieh in ihrem Hause... Der damals Geborene war die Sonne, die durch die Strahlen heiliger Verkündigung die Herzen vieler erleuchtete, die nach Christi Liebe lechzten. Und deshalb wurde auch bei seiner Geburt eine solch wunderbare Menge männlicher Lebewesen geboren, weil zum Heile des ganzen Landes ein Gottesmann erschien, der nach den Bestimmungen des Höchsten herrschen sollte.«[45] Zweierlei hebt Thietmar – der übrigens viel über okkulte Phänomene berichtet – an Willigis hervor: Daß er herrschen sollte – was er dann als Primas und Kanzler tat – und daß er durch die Strahlen heiliger Verkündigung viele Herzen mit Christi Liebe erleuchtete. Bei Thietmars eher nüchterner Berichterstattung dürfen wir das nicht als Metapher verstehen, sondern können darin die durch den Schulungsweg entzündete Christussonne im Herzen erkennen.

Im Jahr 940 geboren, geht Willigis Wege, die ihn zu erstaunlicher Reife führen, aber zunächst nicht im Sinn herrschender höfischer und christlicher Erziehung. Vielleicht hat er sich in dieser Zeit aus dem alten nordischen Mysterienstrom etwas angeeignet, was diese Erziehung nicht bieten konnte. Willigis hatte eine Vorliebe für Zeichen. Wir wissen durch Rudolf Steiner, daß die Kirche den »Zauber der Runen« übernommen hat. Um diese Zeit bestand an den Externsteinen noch ein Geheimkult. Jedenfalls kommt er, der arme, aber freie Sachse, um das Ende seines dritten Jahrsiebts an den Kaiserhof und wird zusammen mit dem um fünfzehn Jahre jüngeren Kronprinzen vom Hofkaplan erzogen. Diese Erziehung hat die tiefe, lebenslange Freundschaft mit dem späteren Kaiser Otto II. begründet und schon bald auch äußerlich reiche Früchte getragen. Mit einunddreißig Jahren ist er bereits Kanzler Ottos des Großen.

Mainz gilt seit Bonifatius als das wichtigste Erzbistum des Reiches. Sobald es frei wird, beruft Otto II. seinen Kanzler und Erzkaplan Willigis auf diesen Stuhl, den dieser dann 36 Jahre innehat. Willigis ist jetzt 35 Jahre alt. Von dieser Zeit an ist er der, als den ihn der Meßtext feiert: »Hüter des Reiches und Wahrer der Einheit.«[46] Was das im Mittelalter bedeutet, erhellen die Worte Rudolf Steiners über die Staatsidee: »Der Herrschende ist ein Bild des Gottes. ... Und die Einrichtungen... dieses irdischen Reiches bilden dasjenige ab, was von dem Reiche der höheren Hierarchien hereinströmt... Denken Sie doch nur einmal, daß es ... in Mitteleuropa etwas gegeben hat, was diesen ›Zusammenhang‹ ... des Himmlischen und des Irdischen in dem Namen zum Ausdruck brachte: Das Heilige Römische Reich Deutscher Nation. ... indem dieser Name entstanden ist, zeigt sich, wie ein ganzes Reich sich gebildet hat so, daß es als Ausdruck einer himmlischen Einrichtung gedacht sein sollte. ... Man dachte sich durchaus, daß das geistige Reich neben dem irdischen sei, aber man dachte sich, daß es hineinragte in das irdische Reich, daß im irdischen Reich das Symbolum zu finden sei, das Zeichen für das geistige Reich.«[47]

Wir müssen davon ausgehen, daß Willigis und Otto II. eine gemeinsame Idee befeuerte, die Idee, dem Reich Gottes auf Erden eine Heimstatt zu schaffen im Bild ihres gemeinsamen Lebenswerks. Willigis war ein gelehrter Mann, und von einer seiner Romreisen brachte er ein Exemplar von Augustinus' »De Civitate Dei« mit, das er mit Kommentaren versah. Das weltliche und das geistliche Reich im Sinne des Wahren, Guten und Schönen zu ordnen und für den wiederkehrenden Christus zu verwalten, mag ihm bei dieser Lektüre zum Ideal geworden sein.

Kein Kanzler des ganzen Mittelalters war so mit einer Dynastie verbunden wie er. Allen drei Ottonen diente er als Kanzler. Mit Beginn seines siebenten Jahrsiebts setzte die Zeit des Kampfes ein, die bis zu seinem Tod dauerte. Otto III. und Heinrich II. hatte er zu deutschen Königen gesalbt; ohne sein entschiedenes Eingreifen wäre Heinrich II. wahrscheinlich nicht König geworden. Nach dem Tod seines Freundes Otto II. rettete er dessem kleinen Sohn durch Umsicht und Tatkraft den Thron, als Kanzler auch der beiden Kaiserinwitwen Theophanu und Adelheid. Als er mit 57 Jahren sein Kanzleramt an den Erzbischof von Köln verliert, ist es ein Vertreter griechischer Gelehrsamkeit und romanischer Beredsamkeit, der ihm die Gunst des Kaisers raubt: Gerbert von Aurillac, Lehrer an der Domschule in Reims. Papst Gregor V., ein Urenkel Ottos I., hatte ihn aus Reims verbannt, wo er im Ruf stand, ein Zauberer zu sein. Otto III. berief ihn daraufhin 997 an seine Hofkapelle und machte ihn 999, nach dem Tod Gregors, zum Papst. Er, Silvester II., rät, womit er ein Gegner Willigis' ist, dem Kaiser die Gründung der Erzbistümer Gnesen und Gran. Dadurch wird die Kirche in Polen und Ungarn von der Reichskirche unabhängig und die Grundlage für die Zersplitterung des mittelalterlichen

43

Universalreiches als eines Abbilds himmlischer Sphären gelegt. Silvester hat kein Gespür für die Mission Mitteleuropas.

Willigis Schülerschar war bedeutend. Bernward von Hildesheim, Adalbert von Prag, Eberhard von Bamberg, Meinwerk von Paderborn und Burchard von Worms gehören zu ihr und empfingen von Willigis die Weihe zum Bischof; die beiden ersteren, wie Willigis selbst, wurden heilig gesprochen. Adalbert erlitt das Martyrium durch die Pruzzen. Burchard, Eberhard und Meinwerk übernahmen Anregungen vom Willigis-Bau für ihre Dome, Bernward für St. Michael in Hildesheim.

Unter den bedeutenden Geschwistern der sächsischen Kaiser sind die beiden älteren Schwestern Ottos III. zu erwähnen, Adelheid und Sophia, erstere Äbtissin von Quedlinburg als Nachfolgerin von Mathilde, der Schwester Ottos II., und während ihres Neffen Abwesenheit 997 Regentin in Deutschland. Sophia, damals Kanonisse in Gandersheim, nahm als einzige Frau an der Kaiserkrönung ihres Bruders in Rom teil. Zu jener Zeit lebte Hroswitha, deren geistesgeschichtlich bedeutende Individualität Rudolf Steiner in seinen Karma-Vorträgen enthüllt hat, im Kloster Gandersheim. Sie war die erste Frau, die in Deutschland Dramen, Legenden und Epen dichtete, allerdings in lateinischer Sprache. Den Ottonen war sie gleich Willigis zutiefst verbunden. Eines ihrer beiden Epen behandelt die Geschichte der Ottonen. Im Todesjahr ihres Bruders wurde Sophia, die eine tiefe Verehrung für Willigis hegte, Äbtissin von Gandersheim. Sowohl Willigis als auch Bernward beanspruchten das Kloster, ersterer von Sophia unterstützt. Daraus entspann sich ein langer Streit vor Kaisern und Päpsten, der erst nach dem Tod Hroswithas vorläufig zu Gunsten Hildesheims beigelegt wurde. Zu Lebzeiten der Hroswitha jedenfalls besaß noch Willigis das Oberhirtenamt für dieses Kloster. Wir sehen in ihm also eine Persönlichkeit, bei der wichtige karmische Fäden zusammenlaufen.

Von seiner äußeren Erscheinung wissen wir nur, daß er ein Hühne an Gestalt (1,90 m) war und eine auffallend große Stirn besaß.

Seine kulturgeschichtlich bedeutendste Tat war der Neubau des Mainzer Doms, den er zwischen 975, dem Jahr seiner Berufung, und 978 begann, »nuper« (neuerlich) heißt es in einer Quelle von 978 – die Annahme, daß damit das Jahr 975 gemeint sei, ist unwahr-

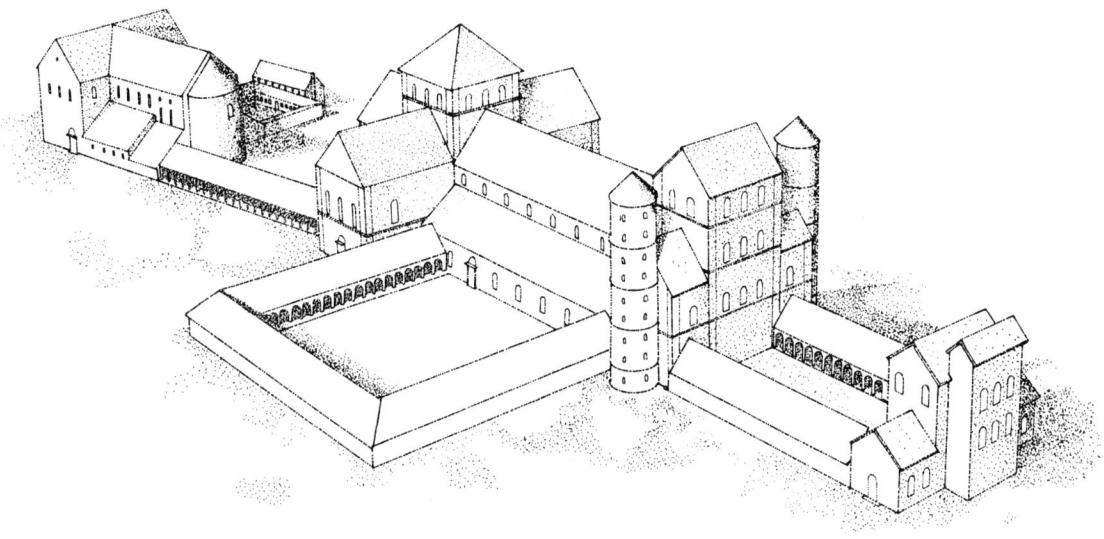

Modell des Mainzer Domes aus der Zeit um 1009, nach Wilhelm Jung

scheinlich. Der Bau hat ihm als Einheit vor dem geistigen Auge gestanden. Dazu bedurfte es intensiver geistiger Arbeit, auch einer Verbindung mit den geistigen Bedingungen der Lokalität und mit der geistigen Wesenheit, die in diesem Gotteshaus wohnen sollte. Das Organisieren der äußeren Mittel für solch ein großes Vorhaben – Mainz zählte damals nur etwa 5000 Einwohner – wird außerdem eine gewisse Zeit beansprucht haben, zumal man vermutlich nicht gerade gegen den Winter zu an einen Neubau gegangen sein wird. 976 wäre als Jahr des Baubeginns anzunehmen. Das würde bedeuten: Nach 33 Jahren Bauzeit ist der Dom vollendet. Am Tag der Weihe, am 30. August 1009 – vielleicht schon am Vorabend –, brennt er ab. Die Ursache ist unbekannt. Diese große Tragödie seines an Kämpfen und Widersachern so reichen Schicksals überlebt Willigis nicht lange. Am 23. Februar 1011 stirbt er.

45

Das auffälligste Merkmal dieses untergegangenen Baues, dem kosmische Zahlengeheimnisse einverwoben waren, ist die neue, für Mitteleuropa wegweisende Idee, die sich durch Baureste und Grabungsfunde von 1973/74 belegen läßt: die erste ausgeschiedene Vierung der Baukunst überhaupt, die Willigis im Westen seines Domes errichten ließ. Der Ostbau in der Höhe des westlichen Vierungsturms wurde zum Vorläufer der Doppelchoranlagen, die gerade für die deutsche Romanik charakteristisch sind und zu der sich auch der Mainzer Dom metamorphosierte, der ohnehin den Grundriß des Willigis bis heute beibehielt. Im Osten, deutlich abgesetzt vom Hauptbau, erheben sich zwei säulenförmige Türme. Sie sind, neben den in einem Stück gegossenen Bronzetüren, als Überrest des Willigisbaues heute noch zu sehen und flankieren den hohen Ostbau, gleichsam die Basis, an die sich nach Westen ein Kreuz von Langhaus, Querhaus und fast quadratischem Chor anschloß, die alle drei die gleiche Höhe hatten. Der Vierungsturm mit seinen zwölf Rundbogenfenstern erhob sich dort, wo im Bilde unserer Zeit sich Rosen um das Kreuz ranken. Querbalken und unterer Balken des Kreuzes (Quer- und Langhaus) hatten die gleiche Länge. Abgeschlossen wurde der Chor im Westen mit dem Hochaltar St. Martins durch eine halbrunde Apsis. Im Innern wurde das Langhaus durch je zwölf Säulen von den beiden Seitenschiffen geschieden. Zwölf Rundbogenfenster direkt über den Säulen bewahrten die Zwölfzahl. Alles hatte einen tieferen Sinn, bis in die Farbgebung hinein. Die vierundzwanzig Fenster des Mittelschiffes lenken unsere Gedanken auf die vierundzwanzig Ältesten, die zwölf Fenster des Vierungsturmes auf die zwölf Apostel, die neun Fenster des Chores, je drei im Süden, Norden und Westen, auf die drei Hierarchien mit den neun Engelreichen. Zwölf Säulen zu beiden Seiten des Langhausweges lassen die stützenden Kräfte der Fixsterne in der Zwölfheit des Tierkreises erleben. Sieben große Bogen, wenn auch nicht alle in gleicher Höhe, öffneten sich dem Gläubigen: zuerst ein großes Portal im Osten, dann ein Triumphbogen zwischen Ostbau und Mittelschiff, danach vier hohe Bogen, die den Vierungsturm trugen, und schließlich der Triumphbogen vor der Westapsis; sie deuten auf die Siebenzahl der Planeten. So steht vor unserem inneren Auge weder die additive Raumfolge noch ein schlichter Zweckbau. Hier wird eine neue Idee anschaulich.

46

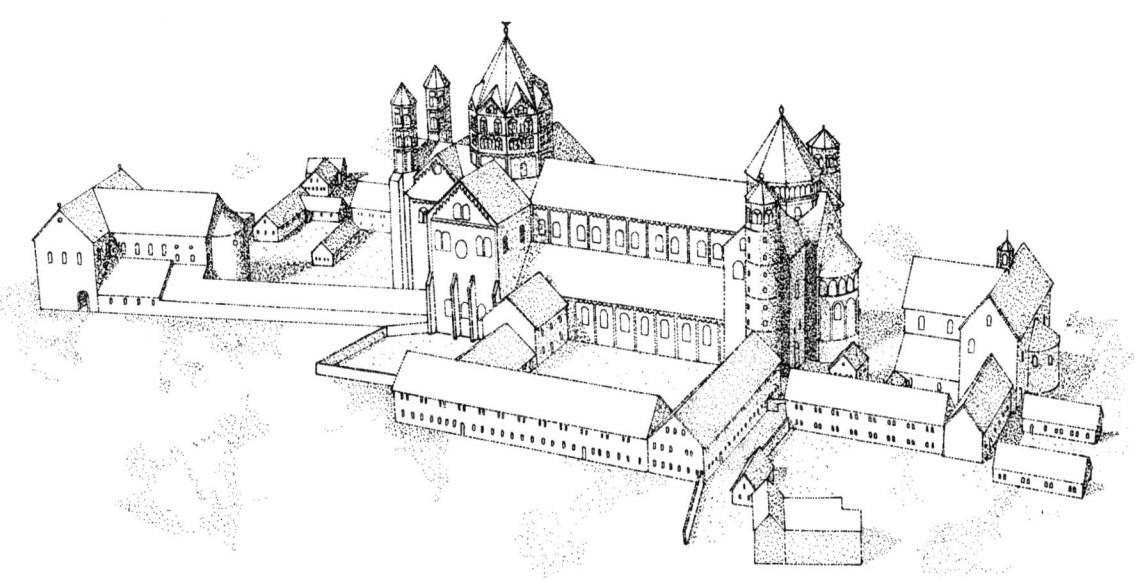

Modell des Mainzer Domes aus der Zeit um 1239, nach Wilhelm Jung

Verwandelt vom Geist, der sich mit diesem Bauwerk verbunden hat, wächst in den kommenden Jahrhunderten der Dom organisch nach der einmal ergriffenen Idee und wird zum mächtigsten Doppelkuppelbau der Romanik, ursprünglich den getrennten Sphären von Sacerdotium und Imperium zugedacht, aber schon 1071 mit Altären in der West- und Ostapsis ausgestattet, die St. Martin und St. Stephan geweiht wurden.

Ein Eingeweihter gestaltete dieses Gotteshaus zum Leib einer göttlichen Wesenheit, die mit diesem Dom verbunden blieb, auch nachdem der erste Bau in Schutt und Asche gesunken war. Wie sonst wäre die ungewöhnlich folgerichtige Entwicklung bis zur Stauferzeit erklärbar? Der anfangs allein St. Martin geweihte Dom war durch Willigis zu Ehren der Dreifaltigkeit und zum Ruhm der Ottonen gebaut worden. 1239 wird in

47

Gegenwart Konrads IV., des letzten Stauferkönigs, der Dom Jesus Christus, Maria und dem heiligen Martin geweiht. Er ist jetzt in seiner wesentlichen Bausubstanz so vollendet, wie wir ihn heute sehen, spätere Veränderungen haben den Gesamteindruck kaum beeinträchtigt. Selbstverständlich gehört zu jedem Chor auch eine Krypta.

Man sollte sich dem Dom von Osten nähern (Abb. 1) und im Bewußtsein behalten, daß dieser Bau »gewestet« ist. Warm ist die Farbe der roten Sandsteinquader. Wehrhaft wirkt die Fassade, große Flächen sind durch die Bauelemente von Zylinder, Kegel, Kubus und so weiter gegliedert, ferner durch den Rundbogen, der allein im Osten des Domes weit mehr als hundert Male vorkommt, in Fenstern und Portalen, in Zwerggalerien, Blendarkaden, Bogenfriesen, Blendbogen. Nun wird die Zuordnung des Halbkreises zum Element des Wässrigen verständlich, denn es fordert vom Betrachter höchste Beweglichkeit, diese Fülle an Bogen, jeder einen Halbkreis beschreibend – zum Teil mit verlängerten Enden –, wahrzunehmen. Das Element des Festen, Schweren, der Kubus ist für die Romanik, wie es die Literatur oft hervorhebt, im deutschen Bereich kaum charakteristisch, suchen wir das Symptomatische und nicht die Dorfkirchen auf, die sich – wie überall im christlichen Abendland römischen Glaubens – nur wenig von der antiken Gerichtshalle oder von der Konstantinsbasilika entfernt haben. Es sind deutlich die vielen Türme, häufig über einem runden oder achteckigen Grundriß, die neben der Doppelchörigkeit und der Rundbogenfülle ein drittes Merkmal mitteleuropäischen Kunstschaffens sind.[48] Mainz, Worms und Speyer, die drei großen romanischen Kaiserdome am Rhein, besitzen je sechs Türme, Limburg an der Lahn sogar sieben. Andere romanische Dome, denen wir noch begegnen werden, Naumburg, Bamberg, Würzburg, haben vier Türme. Sie sind nicht allein Gotteshäuser, sondern gleichsam Gottesburgen. Christus als König, Christus als Weltenherrscher ist die Idee, die sich darin ausspricht. So thront er in Mainz auf einem romanischen Relief aus der Zeit um 1200 im Tympanon des nördlichen Portals. Denken wir an den Ausruf Barbarossas: »Christus ist König! Christus ist Kaiser!« Auch eine Kaiserpfalz besaß mehr als nur einen Turm.

Kenner griechischer Tempel weisen gerne darauf hin, daß er das südliche Licht braucht, um in seiner Wirklichkeit wahrnehmbar zu werden. Das gleiche gilt für den

Abb. 1   Ostteil des Mainzer
Domes, 1009–1100

romanischen Dom mit den tiefen Laibungen seiner Fenster und Portale. Liegen sie im Schlagschatten und sind die glatten Flächen von der Sonne erhellt, so fühlt man sie als Tore zwischen dieser und jener Welt, als Öffnungen, durch die der Geist ruft, wie die Pupille im menschlichen Auge. Auch die Stärke romanischen Mauerwerks, die manchmal Verwunderung erweckt hat, weil sie statisch nicht notwendig ist, erklärt sich so: Nur so konnte der Innenraum durch geheimnisvoll tiefe Öffnungen von der Außenwelt getrennt werden.

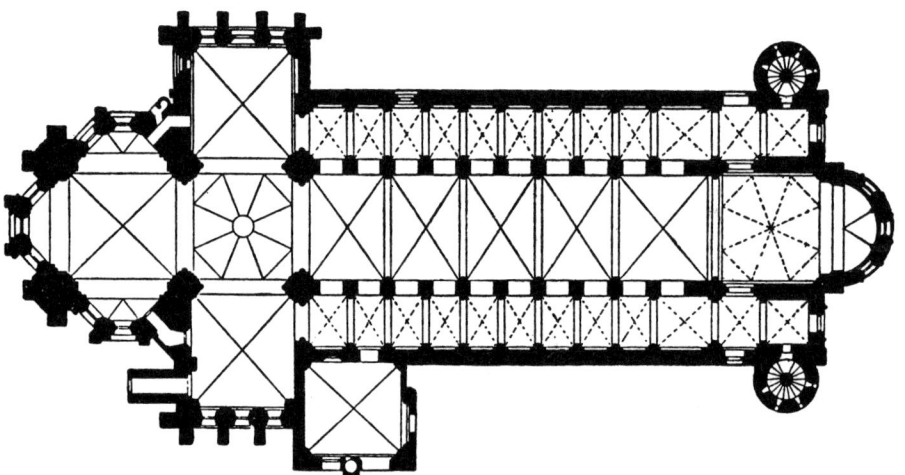

Grundriß des Mainzer Domes, nach Max Hauttmann

Die hauptsächlichen Änderungen des Plans gegenüber dem Willigisbau bestehen in der Anfügung zweier schlanker Türme im Westen, der Umwandlung des quadratischen westlichen Chorraums in einen achteckigen und in der Anfügung einer Ostapsis. In nachromanischer Zeit wurde die Westturmgruppe in anderen Stilarten bekrönt, was aber den Gesamteindruck kaum verändert. Begibt man sich in eine größere Entfernung, etwa an das Rheinufer, um sich der Gesamtwirkung des Baues auszusetzen, so rufen die beiden mächtigen Vierungskuppeln einen majestätischen Eindruck hervor (Abb. 2). Je

50

Abb. 2   Südansicht des Mainzer Domes,
1009–1239

nach Blickwinkel schieben sie sich mehr oder weniger zusammen. West- und Ostbau –
Turm und turmartiges Geschoß – wurden schon von Willigis als Sinnbild der Antipoden
auf Erden verstanden, des geistigen und des weltlichen Reiches – Sacerdotium und Imperium –, Gegensätze, die beide göttlichen Ursprungs sind und die gleichberechtigt neben-
einanderstehen und zusammenwirken müssen. So saß der Kaiser erhöht im Osten, während der Erzbischof im Westen die Messe zelebrierte. Das Licht der aufgehenden Sonne
fiel – wie in St. Peter in Rom – auf das Antlitz des Priesters, der damals bei der heiligen
Handlung noch sein Gesicht der Gemeinde zuwandte, während der Kaiser in die Strahlen der untergehenden Sonne blickte. Als im Bewußtsein des Klerus aus dem geistigen
ein geistliches Reich wurde, verwandelte man auch den Ostbau in einen Kultraum mit
Altar. Dennoch blieb der Hauptaltar bis heute im Westen.

Die Neuerung der Salierzeit brachte die Überwölbung der Schiffe, dem Vorbild Spey-
ers folgend, dem ältesten sakralen Großbau mit Kreuzgewölben überhaupt, die Gruft
aller Salier bergend und mit einer der größten Krypten aus romanischer Zeit überwälti-
gend den Eindruck der Grabkirche wachrufend. Zwar vieltürmig, fehlt diesem Dom
jedoch die Doppelchörigkeit als eine Wesensoffenbarung der Romantik im deutschen
Bereich. Mit dem Kreuzgewölbe hält der Rundbogen im Innern in mehrfacher Weise
erweiterten Einzug, als Blend-, als Gurtbogen und als Kreuzrippe. Es ist, als ob Jahrhundert um Jahrhundert die Ausgestaltung des Mainzer Domes nach dem einmal geschaffenen Urbild geschieht, für dessen völlige Verwirklichung der Willigiszeit die technischen
Kenntnisse fehlten. Die Stauferzeit hat es dann zur Ausbildung der beiden Vierungstürme im Innern als achteckige Kuppeln gebracht, es entstand ein Tambour.

Betritt man das Innere, so umfängt einen aufgrund der Ausmaße und des spärlichen
Lichteinfalls durch die romanischen Fenster des Lichtgadens zunächst Düsternis. Man-
cher Besucher fühlt sich bedrückt, zumal der Schmuck der Wände aus Gedenksteinen für
Tote besteht, den Grabdenkmälern der Erzbischöfe. Schreitet man aber voran, zuerst
zum Ostchor mit der kleineren Kuppel und der hohen Treppe zum Altar, so atmet die
Seele befreit und empfindet die Wohltat des Kosmos über ihr. Führt dann der Weg zum
Westen, und tritt man unter die 48 m hohe Lichtkuppel (Abb. 3), deren Wunderwerk

Abb. 3   Westliche Vierungskuppel des
Mainzer Domes, 1239 geweiht

den Zeitgenossen ein »tabernaculum« war, so erhebt sich die Seele jubelnd in die Sphäre der Engelchöre.[49]

In der romanischen Krypta im Osten des Mainzer Domes sind die für Deutschland typischen Würfelkapitelle zu sehen, deren ältestes aus der Michaelskirche Bernwards in Hildesheim stammt. Wir wissen, daß der wenig frühere Dom des Willigis Säulen besaß, aber nicht, mit welcher Art Kapitell sie versehen waren, da keines überdauerte. So bleibt die Frage, ob Bernward dieses Motiv, wie so vieles andere, vom Willigisbau übernahm – die Doppelchörigkeit, die ausgeschiedene Vierung, den Hauptaltar im Westen, in einem Stück gegossene Erztüren –, oder ob er es selbständig entwickelte. Jedenfalls spricht dieses Kapitell in höchster Vollkommenheit den trinitarischen Gedanken aus: Die Durchdringung von Zylinder und Kubus formt vier Halbkreise, zwischen denen die Spitzen sphärischer Dreiecke liegen.

Es gibt keinen anderen deutschen Dom, der die Doppelpoligkeit der menschlichen Existenz als irdischer und geistiger, eingebunden in den Kosmos, so klar abbildet wie der Mainzer: Im Westen wie im Osten zwei schlanke Türme, Apsis, Chor, Krypta, Vierungsturm mit Kuppel und Querschiff zeichnen ihn allein aus. Jedem anderen mangelt es an der Vollständigkeit dieser nach ewigen Gesetzen notwendigen Zusammenstellung.

Seitdem die ehemalige Hauptstadt der römischen Provinz »Germania prima« durch Bonifatius erster Erzbischofssitz Deutschlands geworden war, im Mittelalter die größte Kirchenprovinz der Christenheit, deren Erzbischof seit dem 16. Jahrhundert das Direktorium im Reichstag innehatte – er war gleichzeitig einer der sieben Kurfürsten –, standen die dort Wirkenden immer in Gefahr, aus dem geistigen ein geistliches Reich zu machen, ein Reich der Veräußerlichung innerer Werte. Anzufügen bleibt noch, daß das gedruckte Wort mit der Erfindung des Johannes Gutenberg von Mainz aus seinen weltverändernden Siegeszug antrat.

54

Der Wormser Dom und der Rundbogen als Meditationsmotiv

An den Domen der Romanik im deutschen Bereich, den größten insbesondere, fällt am Äußeren als erstes die Schlichtheit des Dekors und der Mangel an Plastik auf, wenn man sie mit gleichzeitigen Bauwerken Frankreichs oder Italiens vergleicht. Da es sich um gewaltige Gotteshäuser handelt, für die ein großes technisches Können und künstlerisches Einfühlungsvermögen erforderlich war, kann die Ursache dafür kaum in fehlender Meisterschaft gesucht werden. Auch Phantasielosigkeit dürfte nicht dafür verantwortlich sein, denn die Bauherren besaßen Macht und Mittel, um sich Künstler aus anderen Teilen Europas zu holen, wenn es in ihrer Absicht gestanden hätte. Es kann also nur der Wille der Erbauer diese Kargheit bewußt angestrebt haben. Richtig betrachtet, erschließt sich aber gerade in ihr ein besonderer Reichtum romanischer Baukunst Mitteleuropas. Die Säule und ihr Kapitell, man denke nur an die Kapitelle in Burgund oder an die vielfältigen Formen in Italien, ist für die südliche Phantasie ein reiches Betätigungsfeld geworden, während der Gemüthaftigkeit nördlich der Alpen der Bogen gemäß war.

Der Bogen oder Halbkreis ist die Form, die das Wasser symbolisiert, sie ist dem Strömend-Beweglichen zugeordnet. Das Ornament als Bild des Ätherisch-Bewegten ist eine uralte Ausdrucksform keltisch-germanischer Kunst. Allgemein bekannte Beispiele sind in der Malerei die irischen Miniaturen, in der Plastik die langobardischen Flechtbänder, in der Goldschmiedekunst die Wikingerfibeln. Zwar hat der Rundbogen seinen Ursprung im Römertum und wurde in verwandelter Gestalt von Seelen, die sich in Rom als erste Christen versammelten, in einem neuen Erdenleben in das christliche Mittelalter hinübergetragen. Die Art jedoch, in der er nun in Mitteleuropa in Erscheinung trat, ist der germanischen Seelenwelt gemäß: »Aber wenn wir diese romanische Kultur recht betrachten, ... finden wir... in ihr dasjenige, was noch dämmerhaft fortlebte an alter, aus dem Hellsehertum herausgeborener Weltanschauungsstimmung, und wir finden dies... durchpulst von dem, was die einzelnen germanischen Stämme... haben einfließen lassen; ... Nur dann versteht man das romanische Element, wenn man weiß, daß es von untergegangener germanischer Seelenwelt lebt.«[50]

55

Ein besonders eindringliches Beispiel für die Verwendung und Wirkung des Rundbogens ist der Kaiserdom in Worms, nach dem Vorbild von Mainz gebaut, aber im Äußeren rundum besser im ursprünglichen Zustand erhalten (Abb. 4). Er wurde an historisch bedeutsamer Stelle errichtet. Hier hatten die Römer eine Gerichtsbasilika erbaut. Im 4. Jahrhundert wurde Worms Bischofssitz, 413 Hauptstadt der Burgunder. Auf dem heutigen Domplatz stand die Königshalle der Nibelungen, an der Stelle der Gerichtsbasilika damals schon ein Dom. 926 empfing Heinrich I. hier aus der Hand des burgundischen Königs gegen Gold und Silber, gegen einen Teil des Schwabenlandes und die Stadt Basel die Heilige Lanze. Wichtige Reichsversammlungen fanden in Worms statt. Papst Leo IX. wurde 1048 hier gewählt. 1076 berief Heinrich IV. die große Reichsversammlung gegen Gregor VII. nach Worms ein. 1122 schloß Heinrich V. mit dem Papst das Wormser Konkordat ab. Bernhard von Clairvaux predigte in diesem Dom 1147 in Anwesenheit Kaiser Konrads III. den zweiten Kreuzzug. 1521 stand Luther an diesem Platz vor Kaiser Karl V. und dem Reichstag und vertrat seine Thesen. Dies sind nur die bedeutungsvollsten aus der langen Reihe wichtiger Zusammenkünfte des Kaisers mit dem Papst, von Theologen verschiedener Richtungen und so weiter, die sich an diesem Ort ereigneten.

Als der hervorragendste Bischof, unter dem die Stadt in vielfältigster Beziehung eine Blütezeit erlebte, wird Burchard, der Willigisschüler, genannt, der den Sitz 1002 bis 1025 innehatte. Der von ihm erbaute Dom wurde 1018 in Anwesenheit Kaiser Heinrichs II. St. Peter geweiht und erhielt vergoldete Säulen und vergoldete Kapitelle. Teile von ihm stecken im heutigen Bau. Das 12. Jahrhundert baute ihn um und erweiterte ihn, so daß 1110 im Beisein Kaiser Heinrichs V. der Dom erneut geweiht wurde, abermals 1181 in Gegenwart von Friedrich Barbarossa, und der Bau 1234 vollendet werden konnte, bevor er 1235 Schauplatz des glanzvollsten aller Feste wurde, der Vermählung Friedrichs II. mit Isabella von England. Es versteht sich von selbst, daß die Kaiser an hohen kirchlichen Festtagen oft sowohl in Mainz als auch in Speyer und Worms weilten. Neben dem Dom lag die kaiserliche Pfalz.

Der Rundbogen als Gestaltungsmotiv deutscher Dome ist mehr als ein Ornament und ein äußerliches Symbol, seine Form entfaltet reale Kraft, wenn sich der Betrachter tätig

Abb. 4   Nordansicht des Wormser Domes,
1018–1234

mit ihr auseinandersetzt. Einen schwachen Abglanz davon, wie die Formen romanischer Kirchen auf den mittelalterlichen Menschen zu wirken vermochten, wenn er sich ihnen täglich übend und von echter Andacht erfüllt gegenüber sah, wenn sie ihn als Angehörigen einer Ordensgemeinschaft sogar auf allen Wegen begleiteten, können wir noch erleben, wenn wir uns längere Zeit etwa im Osten des Mainzer oder des Wormser Domes aufstellen und mit dem Auge jeder einzelnen Linie der unzähligen Bogen folgen. Ferner können wir unseren inneren Tastsinn so schulen, daß wir gleichsam fühlend alle plastischen Formen abtasten, die runden und die kantigen, die Bogen, die in die folgenden der endlosen Reihe übergehen, oder die anderen, die plötzlich enden, um dahinter einen nächsten und übernächsten hervortreten zu lassen. Es ist ein anderes Gefühl, immer wieder neu anzusetzen, wie bei den vielen Bogen der Laibungen, oder in die nächste Form weiterzugleiten, wie bei einem Fries. Bewegungs- und Gleichgewichtssinn werden aktiviert. Intuitiv fühlte der mittelalterliche Mensch, wenn er den Blick über sich zur Himmelskuppel erhob, auf der die Gestirne ihre bogenförmigen Bahnen ziehen, wie er durch das Gotteshaus mit seiner Formenfülle, die doch so klar und deutlich zu erfassen war, mit den Sphären der Engelreiche verbunden war. Was der Gedankensinn mit dem Eintauchen in die Formen verbindet, mag Weg zur Weckung der höheren Sinne geworden sein, insbesondere des Lebens- und Wärmesinns. Noch heute erleben Menschen im bloß intensiven Nachformen der Rundbogenfülle – das gleiche gilt für Flechtbänder und so weiter –, daß ihre innere Beweglichkeit gesteigert wird; manch einem Übenden wird dabei schwindelig. Zu dieser Art Betrachtung von Kunstwerken, die weit mehr Zeit erfordert, als sie der Tourist zumeist aufzubringen gewillt ist, gehört als erste Grundbedingung Geduld. Dazu muß die notwendige Ruhe kommen, die uns auf die Wirkung eines Symbols aufmerksam werden läßt. Unvoreingenommen muß man sich der Wirkung hingeben, um sie rein und ohne Beimischung einer vorgefaßten Meinung erleben zu können. Auch heute weben und walten in den großen Kirchen der Vergangenheit, soweit sie ihrem ursprünglichen Zweck, dem Kultus, dienen, göttliche Wesenheiten. Nähert man sich einem solchen Bau und betritt ihn mit echten Andachtskräften, so enthüllt er sich dem Betrachter in der Fülle seiner Geheimnisse Stück für Stück. Er ist kein Zweckbau, den wir mit den Gesetzen der Statik oder der Stilanalyse ergründen können.

Nähert man sich dem Wormser Dom von Osten, so erhebt sich über dem Rechteck der Chorwand das Dreieck des Satteldaches, gekrönt von einem Adler. Das Rechteck ist durch drei große Rundbogenfenster mit tiefen Laibungen gegliedert, auffällig ist an ihnen die Staffelung vieler Rundbogen. Das Fenstergeschoß wird mit einem Gesims mit Rundbogenfries (neun Bogen) abgeschlossen, darüber eine Galerie mit neun Bogenöffnungen, deren Abschluß ein Gesims mit elf Bogen eines Frieses bildet. Unter dem Dachgesims befindet sich ein dritter Rundbogenfries. Jeder Bogen des Frieses ist in sich wieder ein Gefüge aus mehreren übereinanderliegenden Bogen. Tiere und dämonische Wesen hocken an der Basis der Fenster und der Säulen der Galerie. An der Mittelsäule haftet ein Mann, dem ein Affe das Haupt berührt. Die beiden Rundtürme – fünf- und sechsgeschossig – sind durch Lisenen, durch unter dem Gesims eines jeden Stockwerks umlaufende Rundbogenfriese und durch Rundbogenfenster gegliedert.

Hat man alle Formen innerlich nachgeschaffen, Bogen für Bogen der tieflaibigen Fenster, Bogen für Bogen auch eines jeden Frieses, dann umschreitet man den Bau und verfährt ebenso mit den Fenstern und Friesen des Langhauses und des Querschiffes. Dieser Dom besitzt zwar zwei Chöre, aber nur ein Querschiff. Hinter der glatten Wand im Osten verbirgt sich eine halbrunde Apsis. Durch diese Besonderheit des Wormser Baues wird der Kreuzcharakter stärker betont. Inmitten des Dreiecks, das der Giebel beim Abschluß aller drei Kreuzarme bildet, sieht man jeweils einen Kreis. So begegnen uns alle vier eingangs genannten Grundformen, sobald wir vor einem der waagrechten oder vor dem oberen Kreuzbalken stehen, vor dem Ostchor oder vor dem nördlichen oder südlichen Querschiff: Viereck, Halbkreis, Kreis, Dreieck.

Alle Fenster, die des Querschiffs, die des Langhauses – im Norden ist das Seitenschiff besonder schön in seiner ursprünglichen Gestalt zu sehen – und beider Chöre, weisen tiefe Laibungen mit einer Vielzahl an Bogen auf. Wie im Osten, so sehen wir auch am südlichen Westturm, an Lang- und Querhaus alle Gesimse mit Rundbogenfriesen verziert. Sieben Bogen über dem Tympanon bilden die einzige Zierde über dem Fürstenportal der Nord-

59

seite. Auch das kleinere Portal der Südseite verziert der Rundbogen. Lediglich im Tympanon müssen wir ehedem plastischen Schmuck vermuten. Am Westchor (Abb. 5) sind die zehn Scheintüren mit mehrfacher Bogenumrandung besonders eindrucksvoll, darüber vier herrliche runde Fenster, das größte ein Rad mit zwölf Speichen. Runde Bogen verbinden die Säulen der Zwerggalerien am fünfeckigen Chor und an den Türmen. Im Westen sitzen ebenso wie im Osten an die Sockel der Säulen in Stein gebannte böse Wesenheiten, die vor dem Gotteshaus ihren Platz gefunden haben, damit sie nicht in das Innere eindringen. Wo eine gute Wesenheit wirkt, lauert ihr Gegenbild stets vor dem Tor, an einem Heiligtum, bei einer Gemeinschaft und beim einzelnen Menschen.

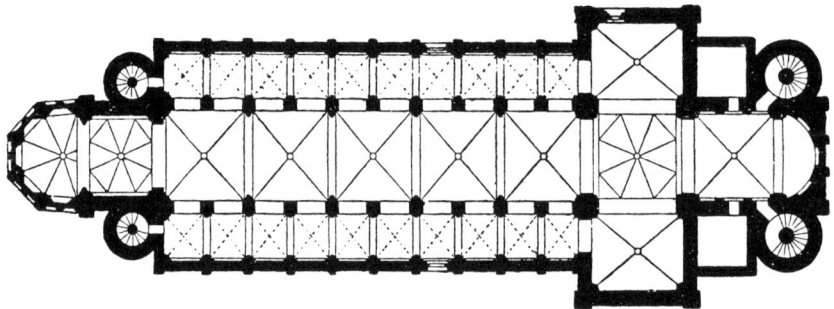

Grundriß des Wormser Domes, nach Max Hauttmann

Von wenigen Kreisen abgesehen ist es also der Rundbogen, den wir durch unsere seelische Aktivität schließlich mehrere hundert Male nachbildeten, wenn wir den ganzen Dom umrundet haben. Wer es nicht schon im Nachplastizieren gefühlt hat, dem wird es angesichts der Scheintüren bewußt werden, wofür der Bogen steht: Er ist das Tor zur geistigen Welt. Es gibt viele Schritte, die hinführen, vergleichbar der Unzahl kleiner Bogen an den Friesen, und große Stufen, vergleichbar den hohen Bogen der Scheintüren. Schließlich gilt es, die Wand zu durchbrechen, wie es die Rosetten, wie es das Radfenster tun. Der wenig Wissende wird durch die Bogen an die Pforten des Paradieses

Abb. 5   Westchor des Wormser
Domes, 1018–1234

61

Abb. 6 Blick in den Westchor des
Wormser Domes, 1160–1234 ▷

gemahnt. Unzählige Geheimnisse sind in einen solchen Dom hineinverwoben, nichts ist zufällig, weder Lisenen noch Geschosse der Türme noch Zwerggalerien, weder die Anordnung der Bauelemente noch die Anzahl eines jeden Details.

Betritt man das Innere des Domes (Abb. 6), so mag man ähnlich empfinden wie in Mainz, wenngleich abgeschwächt, weil der Raum kleiner und durch größere Fenster weniger dunkel ist. Das Wandsystem ist anders gestaltet, über den beiden Rundbogenfenstern eines jeden Joches befindet sich ein weiteres kreisrundes Fenster. Auch hier führt der Weg Joch für Joch zu den Vierungskuppeln, die größere im Osten, da der Hochaltar im Osten steht und ehemals schon stand. Der Westen, heute Altarraum, war dem Kaiser vorbehalten, zu dessen Pfalz eine kleine Verbindungstür im nordwestlichen Ende des nördlichen Seitenschiffs erhalten ist. Der Dom ist dreischiffig und nach dem gebundenen System gegliedert, wodurch jedes der fünf Joche des Mittelschiffes von der doppelten Anzahl halb so breiter Joche in jedem Seitenschiff begleitet wird. Die gedrängte Fülle der Gurtbogen, die im romanischen Seitenschiff dieser Art anzutreffen ist – in Worms durch roten Sandstein betont –, läßt den Wegcharakter besonders hervortreten. Gurtbogen für Gurtbogen steht für eine neue Marke auf dem Pilgerweg des Lebens. Alle Eingänge führen zunächst in ein Seitenschiff. Im Mittelschiff werden die Entfernungen bis zur nächsten Stufe in Gestalt des folgenden Joches größer, der Blick erhebt sich freier. Vor der befreienden Höhe der Vierungskuppeln wird der Weg auf jeder Seite durch die gewaltigen Triumphbogen gehemmt, die gleich Toren vor der geistigen Welt stehen. Die Vierungskuppeln sind – wie in Mainz – achteckig. Achteckig waren auch die Templerkirchen, deren es in jener Zeit in Europa viele gab. So schweben sie wie der Geistgehalt einer Templerkirche an der Schwelle zwischen Gemeindehaus und Altarraum, gestützt von deutlich markierten Rundbogen, lichterfüllt durch Fenster. Die Rippen der westlichen Kuppel bilden mit acht Strahlen ein gleicharmiges Templerkreuz.

Neben dem Dom stand sowohl in Mainz wie auch in Worms eine kleinere, Johannes geweihte Kirche, in Mainz im Westen, in Worms im Süden. Die Wormser war ein zehneckiger Rundbau, ein Wunderwerk, das einer der mit Goethe befreundeten Brüder Boisserée mit dem Gralstempel verglich. 1807 wurde sie auf Abbruch verkauft.

63

Der spätromanische Westchor, in staufischer Zeit vollendet, beeindruckt im Innern durch fünf große Scheintüren mit reich verzierten Säulen- und Bogenstellungen, über den drei mittleren die drei Rosetten und das mächtige Radfenster im Zentrum. Wie vier-, sechs- und zwölfblättrige Blüten öffnen sich die Fenster dem Licht. Der Kenner der Geisteswissenschaft wird sogleich an die vier-, sechs- und zwölfblättrigen »Lotusblumen« oder »Räder« erinnert. »Sie heißen so wegen der Ähnlichkeit mit Rädern oder Blumen.«[51] Diese Organe des Ätherleibes erschließen den Zugang zur geistigen Welt wie die Fenster in Blüten- oder Radform den Himmel. Gleich der zwölfblättrigen Lotusblume der Herzgegend steht das zwölfblättrige Fenster im Zentrum. »Das Organ in der Nachbarschaft des Herzens eröffnet eine hellseherische Erkenntnis der Gesinnungsart anderer Seelen.«[52] Es kann dieses Fenster als Mahnung empfunden werden, nach einer echten durchchristeten Gesinnung zu streben, denn den Geistwesen über uns ist – wie den Wissenden – die Gesinnungsart der versammelten Seelen ohnehin offenbar. – So hat dieser geheimnisvolle Bau tief auf die Gemütskräfte der mittelalterlichen Menschen gewirkt.

Der Kölner Dom und die zwölf ihn umgebenden Kirchen

Köln war im Mittelalter das geistige, wirtschaftliche und seit der Zeit der Salier auch das politische Zentrum des Reiches. Im Wirken der Scholastiker und Mystiker in Köln zeigt sich, welch ein bedeutender geistiger Mittelpunkt mit dieser Stadt verbunden war. Nicht zuletzt ist es von Bedeutung, daß die Freimaurerei in Deutschland »ihren Anfang genommen hat durch die Charta in Köln im Jahre 1535«.[53]

Die Geschichte Kölns ist von Anfang an mit einer geistigen Stoßrichtung versehen. Um 53 v. Chr. siedelten die Römer dort den Stamm der Ubier an und errichteten einen »Ubieraltar, der als zentrales Heiligtum für die neu zu schaffende Provinz Germanien gedacht war«.[54] Dort tat auch ein Vetter des Arminius als Oberpriester seinen Dienst.

Köln sollte also ein Gegenpol zu den Externsteinen werden. Bald nach der entscheidenden Niederlage der Römer 9 n. Chr. – also 66 Jahre nach Ansiedlung der Ubier – mußte dieser Plan jedoch aufgegeben werden. Germanicus war der letzte römische Feldherr, der seine Legionen gegen das Zentralheiligtum der Germanen führte. Seine Tochter Agrippina, später Gattin des Kaisers Claudius und Mutter Neros, wurde in Köln geboren und leitete eine neue Entwicklung ein, indem sie ihre Vaterstadt 50 n. Chr. zur »Colonia« erheben ließ, zur »Pflanzstadt Roms«, deren Bürger das römische Bürgerrecht erhielten. Sie, ihr Gatte und der Altar (»Ara«) der Ubier gingen in den Namen der Stadt ein: »Colonia Claudia Ara Agrippinensum«. Veteranen aus Südeuropa wurden hier angesiedelt, Köln wurde zur Hauptstadt der Provinz »Niedergermanien«.

Auf der anderen Rheinseite faßten die Römer erst unter dem ersten christlichen Kaiser Fuß; das war ein herausragendes Ereignis. In Anwesenheit Konstantins des Großen wurde das rechtsrheinische Kastell eingeweiht und eine Brücke geschlagen. Seit Konstantins Zeiten gab es in Köln nachweislich eine Christengemeinde mit einem Bischof an der Spitze. Chlodwig verleibte die Stadt dem Frankenreich ein. Was den Römern versagt geblieben, gelang schließlich Karl dem Großen: die Zerstörung der Irminsul an den Externsteinen. Nun wurden im Sachsenland Diözesen gegründet, die er Köln unterstellte, das er inzwischen zum Erzbistum erhoben hatte. Ein Jahr vor der Übergabe der Heiligen Lanze an Heinrich I. kam die Stadt an das Heilige Römische Reich, bis 925 hatte sie mit Lothringen zum Frankenreich gehört.

Viele Erzbischöfe waren zugleich Kanzler des Reiches. Später gehörten sie zu den sieben Kurfürsten. Der bedeutendste unter ihnen ist der heilige Bruno (953–965), Kanzler und Bruder Kaiser Ottos des Großen, die bekanntesten sind Anno II. (1056–1075), Regent während der Kindheit Heinrichs IV., und Reinald von Dassel (1159–1167), Kanzler Friedrich Barbarossas. Diese drei Erzbischöfe legten die Grundlagen für Kölns Entwicklung zu einer der größten Städte Europas – im ausgehenden Mittelalter zählte es etwa 40 000 Einwohner – und zum kulturellen Zentrum Deutschlands. Bruno gründete die ersten Klöster in Köln, die Domschule erlangte unter ihm hohes Ansehen, und schließlich brachte er die ersten Reliquien nach Köln, die den Vormachtanspruch begründen

65

sollten: Stab und Kette Petri. Bruno wird in einem päpstlichen Schreiben »›Gefährte und Mitbürger der Apostel‹ genannt«, und Kaiser Otto »spricht vom königlichen Priestertum seines Bruders Bruno«.[55] Die Kette heilte in Gegenwart Kaiser Ottos I. einen Besessenen. Die Anfänge der Kölner Messe am Tag von Petri Kettenfeier, dem 1. August – einem der vier Hauptfeiertage der Kelten –, gehen wohl auf Bruno zurück. Anno II. erhielt für Köln vom byzantinischen Kaiser ein Stück vom Kreuz Christi. Er war der letzte, der in Köln Stifte gründete. Zugleich war er der erste Kirchenfürst, gegen den sich die Bürger auflehnten, bis sie sich 1288 der kirchlichen Oberhoheit ganz entledigten.

In der Zwischenzeit hatte sich Bedeutsames ereignet: In der Mitte des 12. Jahrhunderts werden Köln und Mailand die Zentren der Katharerbewegung außerhalb Frankreichs. Bald darauf erobert Friedrich Barbarossa das abtrünnige Mailand und übergibt seinem Kanzler die erbeuteten Reliquien der Heiligen Drei Könige, die 1164 in den Kölner Dom überführt werden. Es ist die Zeit des Investiturstreits zwischen Kaiser und Papst. Diese Reliquien, die Köln rasch zum meistbesuchten Wallfahrtsort Deutschlands machen und denen die Stadt auch heute noch ihren Glanz verdankt, sind im Mittelalter als Zeichen der Verbindung von weltlicher und geistlicher Macht verstanden worden. Denn die drei Weisen aus dem Morgenland galten als die Vorfahren eines christlichen Priesterkönigtums, wie es die deutschen Kaiser ausüben wollten. Dieser Impuls ist gegen Rom gerichtet. »In all dem, was mit der Anbetung der Könige zusammenhängt, haben wir eben die gnostische Strömung«,[56] sagt Rudolf Steiner. Diese Reliquien wandern damit von einem Zentrum spirituellen Christentums in ein anderes, denn solche Zentren sind die Katharerhochburgen. Und Reinald von Dassel kämpfte bis zum letzten Atemzug gegen das Papsttum, bis er auf Barbarossas Romzug den dunklen Kräften Papst Alexanders III. erlag. Die Namen dieser drei Erzbischöfe sind mit den hervorragendsten unter den vielen romanischen Kunstwerken, die in Köln bis heute erhalten sind, verbunden.

Um Köln als geistiges Zentrum Deutschlands zu erfassen, müssen wir noch einige Namen hinzufügen. Albertus Magnus lehrte an der Dominikanerhochschule in Köln und ist dort begraben. Fast drei Jahrzehnte konnte er die offene Konfrontation zwischen

Stadt und Erzbischof verhindern. Acht Jahre nach seinem Tod wurde der kirchliche Landesherr endgültig von einem Bürgertum nach dem nahen Bonn vertrieben, dessen führende Familien ihre Abstammung aus römischen Senatorenfamilien herleiteten. – Thomas von Aquino weilte als Schüler des Albertus Magnus in dieser Stadt. Im 14. Jahrhundert wirkten die Mystiker Johannes Duns Scotus, Meister Eckehardt, Heinrich Seuse und Johannes Tauler in Köln an der Dominikanerhochschule. Nach dem Zweiten Weltkrieg erhielten die katholische Soziallehre und der politische Katholizismus aus dem Kölner Raum ihre stärksten Impulse.

Es scheint fast kein Zufall zu sein, daß gerade zwölf romanische Kirchen die Zerstörungen alter Kunstschätze im letzten Jahrhundert des finsteren Zeitalters überdauerten, wie sie überall in der Folge der Französischen Revolution stattfanden. In ihrer Mitte steht als dreizehnte der Dom, bedeutende romanische Kunstschätze bergend. Er ist nicht nur der größte Dom Deutschlands mit der gewaltigsten Westfassade, die jemals gebaut wurde, darüber hinaus gibt es keine große gotische Kathedrale, die im Lauf von mehr als 600 Jahren so einheitlich nach dem Plan vermutlich nur eines Meisters errichtet wurde.[57] 1248 wurde die Dombauhütte unter Meister Gerhard begründet. Ihn trieb der Sage nach der Teufel dazu, sich von einem Gerüst zu stürzen. Noch als Geist trieb er manchen Steinmetzen in den Tod, wenn er fürchten mußte, sein Plan könne verdorben werden. Durch Jahrhunderte machte er allnächtlich seine Runde um den Dom. Erst als sein Geist Ruhe fand, gelang die Vollendung des Baues. Doch hielt man sich nun auch an den ursprünglichen Plan und ergänzte sogar die fehlenden Teile im Sinn des Vorhandenen.

Im Kampf um ihre Selbständigkeit bildeten die Bürger 1112 einen Schwurverband, der eine Stadtgemeinde über den bestehenden zwölf Sondergemeinden konstituierte. Gegen Ende des Jahrhunderts wurde die Stadtmauer mit ihren zwölf Torburgen errichtet – von denen zwei erhalten sind. So begegnet uns die Zwölfzahl dreimal in der Stadtgeschichte. Im ausgehenden Mittelalter besaß Köln mehr als 160 Kirchen und Kapellen. Wurden die meisten auch nach der Säkularisation 1802/03 abgerissen, so bestanden doch die Pfarrgemeinden fort und übernahmen zumeist die größeren Stifts- und Klosterkirchen. Auf diese Weise blieben die bedeutendsten bis in unsere Zeit erhalten.

67

Köln ist somit in der Kunstgeschichte einzigartig, denn nur hier überdauerten zwölf Kirchen in den wesentlichen Teilen ihrer romanischen Bausubstanz – trotz Kriegszerstörungen. Von den elf Stiftskirchen, die 1531 genannt werden, ist eine verschwunden: St. Maria zu den Stufen. Die Kirchen der beiden angeführten Benediktinerabteien stehen noch. Die zwölfte der romanischen Kirchen ist die einem Stift zugeordnete Pfarrkirche, gleichfalls eine Marienkirche wie die abgerissene.

Nirgendwo sonst in Deutschland tritt das Kennzeichen des romanischen Sakralbaues als Grabkirche so deutlich zutage wie in Köln. Die Scharen von Märtyrern, die für ihren Glauben starben, sind das feste Fundament, auf dem die christliche Stadt – geistig gesehen – gegründet ist; nur von Rom wird sie darin übertroffen. Zu den Märtyrern zählen die Stadtpatrone Kölns: St. Gereon und St. Ursula, darüber hinaus die Menge ihrer Begleiter. Ursula, die britische Königstochter, erlitt zusammen mit 11000 Jungfrauen das Martyrium in Köln. Über diese Zahl ist viel gerätselt worden. Wie aber, wenn sie in der geistigen Welt tatsächlich die Führerin von 11000 Märtyrerinnen geworden wäre, deren segensreiche Kraft ihrer Individualität folgt? St. Gereon starb als Offizier der Thebäischen Legion mit seinen Mannschaften für den Glauben. Über den Gebeinen von ihm und seinen neunundvierzig Begleitern errichtete die Mutter Konstantins, die heilige Helena, die erste Kirche, die nächst dem Dom als die vornehmste galt. Der heilige Severin, Bischof von Köln, ließ sich inmitten eines älteren Gräberfeldes und einer Märtyrerkapelle bestatten. St. Kunibert ist ebenfalls die Gründung eines Kölner Heiligen, des Bischofs Kunibert. Nach St. Andreas wallfahren die Menschen bis heute, weil in der Krypta der Kölner Kirchenlehrer, der heilige Albertus Magnus ruht. Nach St. Pantaleon wurden zwar viele Körperteile des griechischen Heiligen geschafft, aber nicht diese Reliquien, sondern das Grab des heiligen Bruno, des Erzbischofs von Köln, ist Anziehungspunkt dieser Kirche. Auch die Benediktinerkirche auf der anderen Rheinseite ist einem lokalen Heiligen geweiht, dem dort bestatteten Erzbischof Heribert.

Eines ist dem geisteswissenschaftlich geschulten Besucher dieser zwölf Kirchen unzweifelhaft: Sie und der Dom müssen als Einheit gesehen werden, über der das Geistwesen waltet, das sich dieser Stadt und dem mächtigen Impuls des deutschen Katholizismus

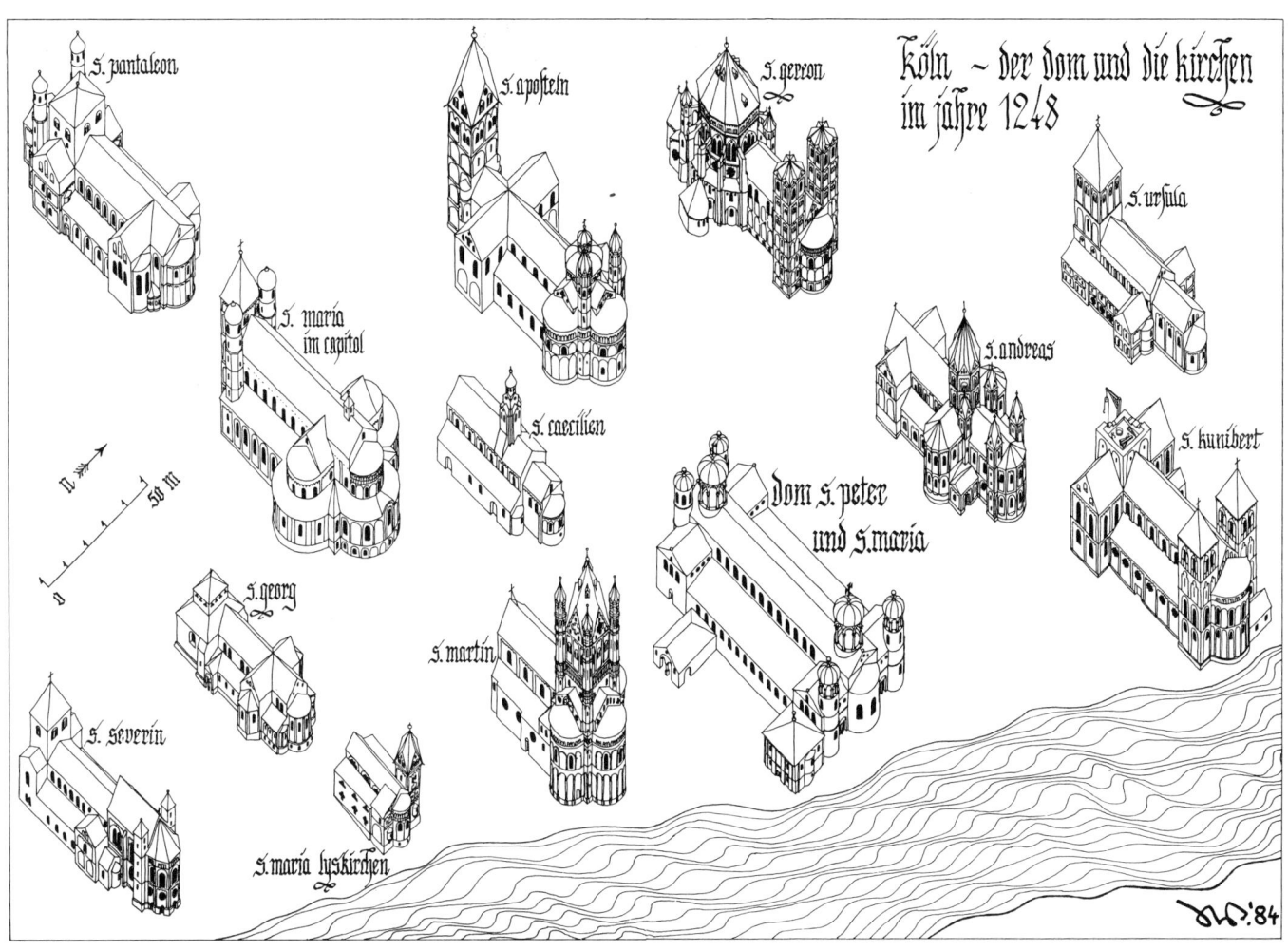

Der Kölner Dom und die zwölf ihn umgebenden Kirchen im Jahr 1248, nach Arnold Wolff

69

70

Abb. 7   Westwerk von St. Pantaleon in Köln,
um 965–1000 und 1890–1892   ◁

verbunden hat; dieser hat zwar mannigfache Veränderungen durchgemacht, aber stets war er eine starke gestalterische Kraft innerhalb des deutschen Geisteslebens. Als die Volksseele um 1200 eingeatmet ist, sind die Gebeine der Heiligen Drei Könige nach Köln überführt und ihr Schrein fast vollendet. Um 1800, zur abermaligen Inkarnation der deutschen Volksseele, setzten sich die Romantiker, von denen auch der deutsche Katholizismus neu geformt wurde, für die Vollendung des Kölner Domes ein. Sulpiz Boisserée, Friedrich Schlegel, Ernst Moritz Arndt, Joseph Görres erreichen von Friedrich Wilhelm IV., dem »Romantiker auf dem Thron«, die Fortführung des Baues. Er nannte den Dombau »das Werk des Brudersinns aller Deutschen«.[58]

Nicht von allen zwölf Kirchen soll hier im Detail die Rede sein, über die von Kunsthistorikern viel geschrieben wurde, sondern nur von dem, was sie gegenüber anderen heraushebt. Zunächst läßt sich kaum ein größerer Gegensatz vorstellen, als der zwischen St. Pantaleon und Groß St. Martin, den beiden Benediktinerkirchen, die zwar beide auf Bruno zurückgehen, aber in ihrer Baugestalt grundverschieden sind, die eine ottonisch, die andere staufisch, Anfang und Ende der Romanik markierend.

Bruno bestimmte St. Pantaleon zu seiner letzten Ruhestätte und verfügte testamentarisch den Neubau der Kirche. Ihre eigentliche Gestalt erhielt sie wohl erst im Auftrag Theophanus ab 984, als sie Regentin des Reiches war und sich diesen Bau als Grabkirche erkor. Die Kaiserin und der Heilige ruhen noch heute dort. Dem zugehörigen Kloster entstammt der erste, von Bernward berufene Abt von St. Michael in Hildesheim, Goderamnus. – Zwar haben West und Ost querschiffartige Nebenbauten, doch bilden Grundriß und Aufsicht das Kreuz eindeutig im Westen. Das war um 1000 schon so, wenn auch die Aufstockung der Vorhalle diesen Zug noch deutlicher in Erscheinung treten ließ. Im Zentrum des Kreuzes steht ein mächtiger quadratischer Turm (Abb. 7), der in seinem Inneren eine zweigeschossige Empore mit Nischen für vier Altäre birgt. Die Forscher haben nachgewiesen, daß große Westwerke nur an Kirchen vorkommen, die mit dem Kaiserhof in enger Verbindung standen. Diese Empore wird also für die kaiserliche Familie bestimmt gewesen sein, insbesondere für Theophanu selbst. Sie ist von Formschönheit und erhabener Strenge. Im oberen Geschoß öffnen sich drei Bogen auf Pfei-

71

lern im Westen, je zwei im Süden und Norden, insgesamt somit sieben, dem gewaltigen Bogen, der zum Schiff überleitet. Alle Bogen und Pfeiler sind, weiß-roten Schichtwechsel vortäuschend, farbig gefaßt. Altarnischen kennzeichnen diesen Bauteil zugleich als Kultraum. Zu seinen vier Nischen kommen noch drei Nischen im Osten hinzu. Überragt er an Höhe, Anzahl der Altäre und Schönheit im Inneren den Ostteil, so wird dieser Eindruck außen durch zwei schlanke Türme verstärkt, die die Vorhalle flankieren. Auf quadratischem Unterbau steigen sie als Achtecke auf, auf denen sich zwei runde Geschosse, von einem Kegeldach abgeschlossen, erheben. In schönster Weise ist der alte Zustand des Bauwerks wiederhergestellt, so daß wir vor einem Gefüge aus Kuben, Zylindern und Dreiecksgiebeln stehen, das mit Rundbogenfenstern und Rundbogenfriesen an Gesimsen und unter Dachtraufen geschmückt ist. Die Rundbogenfriese an St. Pantaleon aus der Zeit der Theophanu sollen die ältesten überhaupt sein. Das erscheint geisteswissenschaftlich einleuchtend, weil bedeutsame neue Impulse für die Kunstentwicklung gerade von Kirchenbauten ausgehen, die mit dem jeweiligen Kaiserhaus verbunden sind.

Die Betonung des Westens, wenngleich in bescheidenerer Form, tritt auch an anderen romanischen Kirchen Kölns auf. St. Pantaleon ist unter ihnen die früheste. St. Cäcilien und St. Ursula besitzen im Westen eine Empore, St. Ursula zudem einen mächtigen Mittelturm, ebenso wie St. Severin, St. Georg, St. Aposteln und ursprünglich auch St. Maria im Kapitol. Ein Westwerk gehört zu St. Andreas, heute mit einer Empore und formenreicher spätromanischer Vorhalle. Ein westliches Querschiff findet sich nur bei St. Kunibert und St. Aposteln. Diese Aufzählung macht das Schwergewicht des Westens bei den Kirchen deutlich, die ganz oder teilweise der älteren Bautradition angehören.

Wir haben den West- und den Ostraum der Dome als die Sphären von Imperium und Sacerdotium kennengelernt. In ottonischer Zeit, der Zeit der großen Westwerke, hat eindeutig das Imperium ein Übergewicht an Machtfülle. In der Stauferzeit erst entschied sich der Kampf zwischen Kaiser und Papst zugunsten des letzteren. Ein Erzbischof von Köln wie Philipp von Heinsberg, durch kaiserliches Lehen (Herzogtum Westfalen-Enger) zum mächtigsten Fürsten des Reiches geworden, rebellierte sogar, wenn auch erfolglos, gegen Friedrich Babarossa. Reinald von Dassel als getreuester Gefolgsmann Barbarossas ragt heraus, denn bereits zur Zeit Heinrichs IV. vertraten die Kölner Erzbischöfe, allen voran Anno II., der Heiliggesprochene, bereits deutlich ihre machtpolitischen Eigeninteressen. Als der Kaiser noch ein Kind war, ging es um die Macht über seine Person. Als er dann gegen Lebensende vor seinem Sohn in die Stadt floh, hielten die Bürger treu zu ihm, im Gegensatz zu ihrem Erzbischof. – Diese Machtkämpfe zwischen weltlichem und geistlichem Reich spielten sich selbstverständlich nicht isoliert von der geistigen Welt ab. Der deutsche Volksgeist steht gegen das mächtige Geistwesen, das die römische Kirche führt. Letzteres gewann schließlich die Oberhand, wie die Albigenserkreuzzüge, die Vernichtung des Templerordens, die Inquisition zeigen. Das deutsche Herrschertum als Diener der Impulse des Volksgeistes hat ab 1250 keine Bedeutung mehr. Alle diese Veränderungen spiegeln sich in der Baukunst. In den Kölner Kirchen der Stauferzeit dominiert der Ostteil. Vorbild dafür wird eine Kirche aus der Zeit Annos II.

Anregungen übernimmt die Kunst aus vielen Quellen. So kann man mit Blick auf isolierte Bauelemente stets auf dieses oder jenes Vorbild verweisen, auf Byzanz, auf Palästina, auf Frankreich im Fall der Kölner Kirchen. Man kann feststellen, daß durch Theophanu byzantinische Künstler nach Köln geholt wurden, daß später, in der Kreuzfahrerzeit, ein nachmaliger Kölner Erzbischof in Konstantinopel gewesen ist. Da aber die Idee der wirklich bedeutenden Kirchen stets als eine einheitliche vor dem geistigen Auge ihres Schöpfers stand, erscheint das Erfassen der geistigen Strömungen und Kämpfe, in denen der Künstler lebte, für das nachträgliche Verständnis eines solchen Kunstwerks wichtiger als die Summierung einzelner Anregungen. Rudolf Steiner sagt: »Echte, wahre Baukunst entspringt aus nichts anderem, als daß man in die Linien, die schon im Raume da sein müssen, die Steine oder Ziegel hineinlegt, wobei man gar nichts tut, als nur dasjenige sichtbar zu machen, was im Raume ideell, geistig verteilt schon vorhanden ist, indem man die Materie hineinstopft.«[59]

So wirken auch die vier bedeutendsten romanischen Bauten Kölns, Groß St. Martin, St. Gereon, St. Aposteln und St. Maria im Kapitol, als einheitlich geschaute. Dem widerspricht die Einbeziehung von Teilen eines Vorgängerbaues in die neue Schau nicht. Das

73

berühmte Dekagon von St. Gereon (Abb. 8), der ältesten Kölner Kirche, ist dafür das schönste Beispiel. Nach dem Besuch Kaiser Konstantins des Großen und seiner Mutter, der heiligen Helena, oder nach 355 begann man mit der Errichtung eines ovalen Zentralbaues. Dieser Bau war mit einer Vorhalle im Westen und neun, in die drei anderen Himmelsrichtungen ausstrahlenden Nischen ausgestattet. Wer wird dabei nicht an die Neunzahl der himmlischen Heerscharen erinnert, wie sie durch Dionysius den Areopagiten benannt wurden? Der Innenraum erglänzte im Gold der Mosaiken. 1067 wurde die Ostwand durchbrochen, und bis 1156 band man nach und nach eine einschiffige romanische Kirche mit Krypta, zwei Türmen und reich gegliederter Apsis dem Zentralbau an. – Als ob der Schutzgeist dieser Kirche sich dem Anbau nicht verbunden hätte, wurde allein das Uroval den jeweiligen technischen und künstlerischen Möglichkeiten der Zeit entsprechend fortentwickelt und steht noch heute als herrliche Einheit – trotz starker Kriegsbeschädigungen – vor uns. Für Kenner ist es »der schönste Zentralbau deutscher Architektur an der Wende des romanischen zum gotischen Stil«.[60]

Zwischen 1219 und 1227 erbaute man über dem antiken Sockelgeschoß ein Dekagon, dessen Innenwände sich in vier Etagen zu immer größerer Lichtfülle und Himmelsnähe erheben (Abb. 9), während sich außen die Wand fünffach abgestuft darbietet, die letzte Stufe nochmals dreifach untergliedert. Es ist erstaunlich, wie hier die Strenge der Romanik im Äußeren mit der Durchlässigkeit der Gotik im Inneren eine Symbiose eingegangen ist, die nicht ausdrucksvoller sein könnte: das bergende Prinzip außen, das sich öffnende innen. Außen erscheint der siebengliedrige Mensch als ein das göttliche Wort umhüllender, innen der viergliedrige als ein sich durch das waltende Wort verwandelnder. Der viergliedrige ist der Mensch des 13. Jahrhunderts mit physischem Leib, Lebensleib, Astralleib und Ich, der die drei höheren Wesensglieder sich in der Zukunft noch erwerben soll. Der abgehängte Schlußstein inmitten der zehn Strahlen der Kuppel ist gleichsam eine ferne Verheißung, sich zur zehnten Hierarchie zu erheben. Die unterste Etage ist den schweren erdhaften Formen verhaftet, vergleichbar dem physischen Leib, den wir mit dem Tod ablegen. Der Rundbogenfries kommt im Innern nur auf der zweiten Etage vor. Er ist dem Wässrig-Bewegten zugeordnet, entspricht als Motiv dem

Abb. 8   St. Gereon in Köln
von Westen, 1067–1227

Abb. 9   Blick in das Dekagon
von St. Gereon in Köln
nach Osten, um 355–1227

Lebensleib. Mit sieben Blättern öffen sich acht Fenster der dritten Etage, gleichsam die Einflüsse der Planeten einlassend. Im neunten Bogen befinden sich vier Fenster, so daß die insgesamt zwölf Öffnungen als Einstrahlungsbereich des Tierkreises erlebt werden können. Er steht im Zusammenhang mit dem Astral- oder Sternenleib, was sich schon darin zeigt, wie Temperament und Neigungen durch das Sternbild beeinflußt werden, unter dem ein Mensch geboren ist. Oberhalb des Bogens zum Chorraum strebt der Obergaden, die vierte Etage, mit zweiundzwanzig großen, farbigen und zwölf kleinen, kleeblattförmigen Scheiben empor. Diese vierunddreißig Öffnungen erinnern an das Mysterium des Christuslebens, das sich in dreiunddreißig und ein Drittel Jahren offenbarte. Um dieses Mysterium zu erfassen, bedarf es der Aktivität des Ich. Es bedient sich der drei Kräfte des Denkens, Fühlens und Wollens, wie den Fenstern des Obergadens die Dreibogenstaffeln dienen, die sie einrahmen.

Etwas Besonderes dieses Innenraums sind die ihn umkreisenden Emporen oder Laufgänge jeder Etage. Sie bilden drei begehbare Wege und gemahnen an drei Stufen des esoterischen Schulungsweges, der zuerst zu einem Erleben der ätherischen Welt, dann der Seelenwelt und schließlich der geistigen Welt führt.[61] Der Lebens- oder Ätherleib, die Seele oder der Astralleib, der Geist oder das Ich sind Teil dieser drei Welten. Zehn Pfeilerbündel tragen die Konstruktion, denen je eine Halbsäule vorgelagert ist. Diese steigt bis in den unteren Teil der vierten Etage auf, gleichsam physischen Leib, Lebensleib, Astralleib und einen Teil des Ich umgreifend, während der größere Teil des Obergadens von den Rippen der Kuppel wie von der Sphäre der geistigen Welt umschlossen wird.

Diese Beschreibung darf nicht so aufgefaßt werden, als ob diese Etage oder jenes Baumotiv mit diesem oder jenem Begriff der Geisteswissenschaft gleichzusetzen wäre. Doch ist es für den geistig Empfindenden so, daß sich das Weltenall in seinen vielfältigen Erscheinungen, in die die menschliche Wesenheit eingebunden ist, in verschiedensten hervorragenden Werken der Menschen offenbaren kann, in einem Kunstwerk, in einem wissenschaftlichen Buch, in einer Rede. Hier wird nur der Versuch unternommen, die real vorhandenen Offenbarungen in einem Bau und in einer Schrift zu verbinden, um sie als Emanationen derselben göttlichen Welt bewußt zu machen.

Das Innere von St. Gereon zeigt mehr Gotik als Romanik, während für das Äußere das Umgekehrte gilt. Die Fenster sind aus Rundbogen, Spitzbogen und Kreisen gestaltet. Rundbogen- und Plattenfries sind Schmuckelemente, letzterer unterhalb der Zwerggalerie, die den zweischaligen Bau in großer Höhe außen begehbar macht. Das Dreieck bestimmt die zehnseitige Pyramide des Daches. Je einmal umziehen Kreis, Dreieck und Viereck (im Plattenfries) den Bau, aber siebenmal der Rundbogen, zweimal mit den

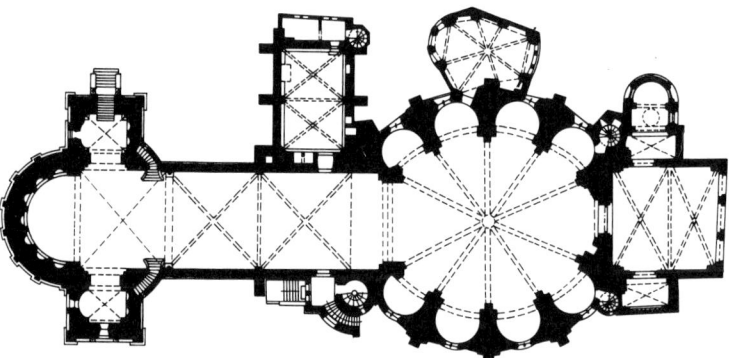

Grundriß von St. Gereon in Köln, nach »Ornamenta Ecclesiae«, Bd. 2

Fenstern, viermal als Fries, einmal mit der Zwerggalerie. Steigen wir mit künstlerischem Empfinden und mit Bewußtsein die sieben Stufen der äußeren Gliederung empor, vier durch die Fensterzonen markiert, drei durch die von deutlich hervortretenden, breiten Friesen begleitete Zwerggalerie, hinter der sich die Kuppel erhebt, so erleben wir, wie der Bau für das Geistige in seinem Inneren immer durchlässiger wird. Der oberste Umgang führt ins Äußere, vergleichbar der Zeit, in der die Ausbildung der vier höheren Wesensglieder des Menschen beginnt und in der sich seit dem Ende des Kalijuga die geistige Welt dem Menschen wieder öffnet. Dieses Kuppelgeschoß war für die Menschen des Mittelalters Schau einer Zukunft, gebaut zu einer Zeit, in der sich unsere, die Bewußtseinsseelenzeit, vorbereitete.

Zu erwähnen bleibt, daß das Dekagon von drei schlanken Türmen begleitet wird, daß die beiden wuchtigen Türme im Osten des Baues siebengeschossig sind und daß an der Ostapsis erstmals in der Kunstgeschichte die später so häufige Verbindung von Zwerggalerie und Plattenfries auftritt. Das Dekagon ist ein Zentralbau, der Westbau wurde, als zur Zeit der im Ostteil betonten Kirchen ein wie eine eigene Kirche wirkender Ostbau angefügt wurde.

Das tatsächliche Übergewicht, das schließlich dem Ostteil der Kirchenbauten zukam, zeigen die Trikonchen, deren erste mit St. Maria im Kapitol gebaut wurde (Abb. 10), dem ältesten Bau dieser Art in Europa außerhalb Roms und dem Gebiet der Ostkirche. Der Grundriß nimmt die Gestalt eines dreiblättrigen Kleeblatts an, genauer: Es werden der quadratischen Vierung nach Osten, Süden und Norden drei halbkreisförmige Konchen angefügt, an die Stelle der vierten im Westen, die den Raum zu einem Zentralbau machen würde, tritt das Langhaus. Es kann zwischen Vierung und Konche ein Joch eingefügt werden, die Seitenschiffe können vor den Konchen enden oder um diese herumgeführt werden. Letzteres und die Einfügung von zwei Jochen zeigt der Grundriß von St. Maria im Kapitol.

Außer St. Maria im Kapitol sind St. Aposteln (Abb. 11) und Groß St. Martin reine Trikonchen, während bei St. Andreas die östliche Konche in gotischer Zeit weit herausgezogen wurde. Auch der Ostteil von St. Georg ist eine variierte Dreikonchenanlage. Das gesamte Raumvolumen hat sich auf diese Weise nach dem Osten verlagert, was bei St. Aposteln und Groß St. Martin durch mächtige Vierungstürme betont wird. Alle Wände der Trikonchen sind bei diesen Kirchen innen und außen mehrstufig aufgebaut, reich gegliedert und im raumbildenden Zweischalensystem konstruiert, wie es schon bei St. Gereon zu sehen war.

Höhepunkt dieser Architektur ist Groß St. Martin (Abb. 12), wiederum eine Kirche, die offenbar in innerer Schau als eine große Idee vor dem Auge des Baumeisters stand. Die sie auszeichnenden Bauteile wurden in der kurzen Spanne von nur wenig mehr als zwanzig Jahren von 1150 bis 1172 erbaut, später wurde nur noch das Langhaus dem Geist der Trikonche angeglichen.

Abb. 10   Trikonche von St. Maria im Kapitol in Köln
von Nordosten, um 1040–1210 und nach 1957

Abb. 11   Vierung und Ostkonche von St. Aposteln in Köln, 1192–1223
Abb. 12   Groß St. Martin in Köln von Nordwesten, 1150– um 1250

Man muß diesen Bau umkreisen und sich von Stufe zu Stufe zu immer lichteren Höhen emporführen lassen, zwölf Stufen außen, während innen der Raum sich in reinster Bogenfülle darbietet, die ringsum auf einer oberen Etage begehbar ist. In das Langhaus ist schon die Gotik eingedrungen, wogegen der Hauptraum, die Trikonchen, sich in unverfälschter Romanik darbietet (Abb. 13). Auf mächtigen Pfeilern (Abb. 14) erheben sich die vier Rundbogen, die die kreisrunde, glatte Vierungskuppel tragen. Zu jeder Kon-

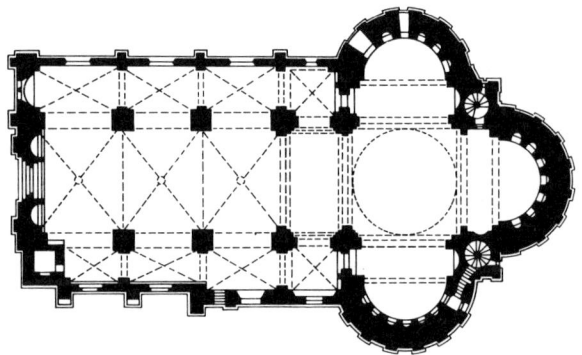

Grundriß von Groß St. Martin in Köln, nach » Ornamenta Ecclesiae «, Bd. 2

che leitet ein Zwischenjoch über, dessen doppelte Bogenstruktur den Torcharakter verstärkt. Neun Stufen führen zum Altar der Ostkonche. Sieben Nischen sind in die rückwärtige Wand eingelassen, getrennt voneinander durch sechs Säulen. In der oberen Etage rahmen gleichfalls sechs Säulen drei Rundbogenfenster ein. Drei, Sieben, Neun, Zwölf, das sind die kosmischen Zahlen, die uns an Kultbauten immer wieder begegnen. Die Trinität, die Planeten, die Hierarchien und der Tierkreis sind die makrokosmischen Wesenheiten, an die sie uns erinnern. Mikrokosmisch, im Menschen, erkennen wir die Dreiheit von Denken, Fühlen und Wollen, den siebengliedrigen Menschen, der auch als neungliedriger aufgefaßt werden kann,[62] und die zwölf Sinne. Die Vierzahl begegnet uns makrokosmisch in den vier Ätherarten, auf Erden in den vier Reichen der Natur,

Abb. 13   Ostkonche von Groß St. Martin in Köln 1150–1172
Abb. 14   Vierung von Groß St. Martin in Köln, 1150–1172

dem mineralischen, dem pflanzlichen, dem Tier- und Menschenreich. – Die Nord- und Südkonche sind im wesentlichen wie die östliche aufgebaut. Alle drei Konchen werden von Halbkuppeln überwölbt. Die vier Zwischenjoche – auch das erste Joch des Langhauses ist mit einem Zwischenjoch angeschlossen – sind mit Tonnengewölben überspannt und in drei begehbare Etagen unterteilt. Der alle Konchen umspannende Laufgang ist ebenfalls tonnengewölbt. Die Aufzählung all dieser Einzelheiten verdeutlicht eines: Dieser ganze gewaltige Raum schwingt in Halbkreisen, Halbzylindern, Halbkugeln. Hier sind die vielzähligen Rundbogen nicht nur flache Öffnung, nirgends nur Schmuck in Form eines Frieses, hier haben sie raumbildende Gestalt. Hier genügt es an keiner Stelle, bloß einer Linie nachzugehen, hier muß der Mensch den Raum durchatmen, um seine Dynamik zu erfassen, nicht nur nach Höhe und Breite, sondern in seinem ganzen Formenreichtum. Alles ist durchdrungen von dem Symbol, das für den Klangäther und die Sphäre des Sohnes steht. So wird die Christuskraft verwandelnd überall wirken. Das Viereck als Zeichen der Sphäre des Vatergottes ist das Quadrat, auf dem die Vierung ruht. Der Kreis als Symbol des Geistgottes ist in der Kuppel über der Vierung sichtbar.

Rudolf Steiner schildert, wie alle Künste in der Wesenheit des Menschen begründet sind, wie er mit jeder Kunst etwas in die äußere Welt verpflanzt, was eine Entsprechung in einem seiner Wesensglieder findet: »Ein Hinausprojizieren der eigenen Gesetzmäßigkeit des menschlichen Leibes außerhalb unser in den Raum ist die Baukunst.«[63] So können wir in der Vierungskuppel etwas dem menschlichen Haupt Verwandtes erblicken, in den beiden Querkonchen etwas den Lungenflügeln, in der Ostkonche, in der alle Bahnen zusammenlaufen, etwas dem Herzen des Ganzen Entsprechendes. Das tiefgegründete Fundament, auf dem die Pfeiler ruhen, gleicht den Füßen, die uns tragen. Um das zu erleben, müssen – wie bei jeder Betrachtung von Architektur und Plastik – über das Auge und den Gedankensinn hinaus der Gleichgewichts-, der Bewegungs- und der Tastsinn aktiviert werden. Die Einheit der Idee hinter allen Erscheinungen leuchtet dem Gedankensinn auf. Indem man Form für Form mit dem Auge ergreift und innerlich ertastet, wird der Bewegungssinn von einem Strom erfaßt und weitet sich der Gleichgewichtssinn über die eigene Körperlichkeit hinaus aus.

Außen können wir die ragenden Formen ähnlich empfinden. Wie die Wirbelsäule, so bestimmt der mächtige Vierungsturm den Eindruck der Aufrichtekraft. Vier schlanke, achtseitige Türme flankieren seine Ecken, getragen von quadratischen Unterbauten, die Senkrechte betonend, wie Arme und Beine. Die Herz- und Lungenflügel strahlen mit ihren Rundungen weithin in den Raum. Doch ebenso stark wird das waagrecht sich nach allen Seiten hin Ausbreitende mit der Formenfülle betont; es erinnert an die Nerven, die von der Wirbelsäule ausstrahlen. Durch den zwölfstufigen Aufbau werden wir zudem auf die zwölf Sinne gelenkt. Alle Konchen und Türme sind außen offen und begehbar. Die Formen sind die immer wieder auftretenden: Lisenen mit Blendbogen, Rundbogenfenster, Plattenfries, Zwerggalerie, Kegeldach, Dreiecksgiebel — mit Rad, Vierpaß- und Halbkreisöffnungen als Schmuck –, Bogenstellungen, Rundbogenfries, von Gesimsen unterbrochen. – Vergleicht man diese Formen mit denjenigen von St. Pantaleon oder mit dem Ostteil des Mainzer Domes, so fällt das Fehlen von Flächen, auf denen das Auge zur Ruhe kommt, am stärksten auf. Die Bewegung der Bogen läßt nicht mehr los. Es ist reinste Romanik in allen Gestaltungen, gebaut zu einer Zeit, in der in Frankreich die Gotik gerade begonnen hatte. Von der Dynamik der Romanik an Groß St. Martin ist es nur noch ein kleiner Schritt zum kosmischen Empfinden der gotischen Baumeister.

Atmende Gestalten am Dreikönigsschrein des Nikolaus von Verdun

Es gibt keinen mit Namen bekannten Künstler des Mittelalters, der in neuerer Zeit so gefeiert worden ist wie Nikolaus von Verdun, der Meister des Kölner Dreikönigsschreins. Und doch sind nur spärliche Anhaltspunkte für seine Biographie vorhanden. Zwei Werke hat er namentlich gezeichnet, den Ambo von Klosterneuburg, den er 1181 vollendete, und den Marienschrein von Tournai aus dem Jahr 1205. Er nennt sich Magister, war also ein gelehrter Mann. Das erschließt sich auch aus der anspruchsvollen Iko-

Abb. 15   Nördliche Langseite und Stirnseite des
Kölner Dreikönigsschreins, um 1181–1225

nographie seiner Werke, wenn man Inhalt und Aufbau nicht einem anderen Urheber als dem Meister der Goldschmiedewerkstatt zuschreibt. Daß mehr als ein Mann, also eine Werkstatt, am Dreikönigsschrein gearbeitet hat, das zeigt die unterschiedliche Qualität der Arbeiten. Die Rückseite wurde von einer späteren Werkstatt erst um 1230 vollendet. Die Arbeiten am Schrein dürften 1181 begonnen haben und zu großen Teilen um 1191 abgeschlossen worden sein, denn Philipp von Heinsberg, der in diesem Jahr starb, legte die Reliquien der Heiligen Drei Könige noch persönlich in den Schrein. Zwischen 1198 und 1206 sind Stiftungen Ottos IV. für die Vorderseite überliefert, auf der er abgebildet ist. Daß der nur in Klosterneuburg und Tournai genannte Meister tatsächlich in Köln gearbeitet hat, ist durch die Feststellung nachgewiesen, daß dieselben Punzen benutzt wurden. Unter künstlerischen Gesichtspunkten stand es schon zuvor unabweisbar fest.

Betritt man heute den Kölner Dom, das Zentrum der zwölf romanischen Kirchen Kölns, so wird man von dem Herz dieses gewaltigen Gotteshauses wie magisch angezogen, dem strahlenden Schrein hinter dem Hochaltar (Abb. 15). Er gilt als der größte Reliquienschrein des Mittelalters. Entsprechend sollte der ihn bergende Bau werden. Kaum war der Schrein vollendet, plante der Erzbischof einen neuen Dom. Der Chor, als eigentliche Hülle des Schreins erlebbar, konnte 1322 geweiht werden. Im Zeitalter der Reformation wurde der Dombau eingestellt, der Schrein wenige Jahre später beraubt. Mehrfache Beraubung, Beschädigung und Restaurierung ist überliefert. Der während der Romantik neu erwachten Begeisterung für das deutsche Mittelalter sind sowohl eine Restaurierung des Schreins als auch die Vollendung des Domes zu verdanken.

Der Schrein ist aus kostbarsten Materialien gefertigt, aus Gold, Silber, Kupfer, Edelsteinen, Perlen, antiken Gemmen, Kameen und Emailarbeiten. Noch heute strahlt er in der goldenen Fassung und funkelt im Glanz der Edelsteine, auch wenn vieles unwiederbringlich verlorenging, Gemmen, Steine und vor allem sämtliche Medaillons und einige Figuren. Es ist bemerkenswert, wie in dieser wichtigsten deutschen Erzbischofskirche das Gold und die Steine eine Wirkung entfalten, die zunächst stärker ist als die künstlerische Vollendung des Ganzen. Denn immer, so wird vermutet, war der Schrein durch einen Überbau vor dem frechen Zugriff der Räuber geschützt. Heute steht er im verschlossenen, vergitterten Chor, der nur bei Führungen zugänglich ist. Selbst dann ist er durch die Höhe des Postaments und die gläserne Hülle dem unbewaffneten Auge kaum erkennbar. Rudolf Steiner hat über den » Zauber des Zeichens «, in das sich die Kraft des Übersinnlichen ergoß und den sich die Kirche aneignete, und über den Zauber von Gold und Edelstein gesprochen, der aus den Tiefen der Erde zur Offenbarung drängte. Beide waren in den Mysterienstätten wohlbekannt, insbesondere in den germanischen. » Aber dieser Norden hat schon aus seinen alten Mysterien heraus etwas vorgebildet, … was zusammenhängt auf der einen Seite mit dem Mysterium des Edelsteines…, auf der andern Seite, was zusammenhängt mit dem Mysterium des Goldes… Was sagt das Nibelungenlied? … Opfert das Gold den Toten! Laßt es im übersinnlichen Reich; denn im sinnlichen Reiche stiftet es Unheil. «[64] Hier bemächtigt sich die Kirche auch des zweiten Poles uralter magischer Kräfte, die Rudolf Steiner übernaturalistische und unternaturalistische nennt. Denn das Gold ist den Toten nicht als Umhüllung ihrer Gebeine geopfert, es wäre damit unsichtbar im Inneren des Schreines verborgen, sondern die Kraft, die von den Reliquien ausgeht, wird durch die Kraft des Goldes und der Edelsteine gesteigert. Jeder kennt Überlieferungen von heil- und unheilbringenden Edelsteinen. Menschen, die sich mit Strahlungen befassen, Rutengänger z. B., berichten, daß mit bestimmten Steinen oder Edelmetallen die schädliche Kraft von Strahlen abgewehrt werden kann; auch die Anordnung, kreis- oder spiralenförmig etwa, ist von Bedeutung. Dies alles spielte bei der Gestaltung des Schreines eine Rolle.

Wie in jedes große Kunstwerk, so sind in dieses vielerlei Geheimnisse verwoben. Die Kreis- und Spiralenformen erscheinen in den Emailverzierungen in mancherlei Farben, vor allem um die Säulen. Die Drei-, Fünf-, Sieben-, Neun- und Zwölfzahl, wie sie bei anderen Kunstwerken der Romanik anzutreffen sind, sind besonders deutlich herausgearbeitet: Die Form des Schreines stellt drei Sarkophage mit Satteldach dar, von denen zwei den dritten tragen. So entstehen an den Fassaden der Schmalseiten drei Fünfecke und ein gleichschenkliges Dreieck, an der Rückwand rein erhalten, während die Vorderseite durch eine abnehmbare Trapezplatte in der Mitte, die den Einblick in das Innere des Schreines erlaubt, ein anderes Aussehen erhielt. Neun Medaillons mit Darstellungen aus der Apokalypse oben, aus dem Christusleben unten zierten ursprünglich jede der vier Dachschrägen. Die Wände sind auf beiden Etagen von Arkaden umzogen, sieben auf jeder Langseite, eine auf der oberen, drei auf den unteren Schmalseiten. Die oberen Arkaden der Langseiten sind Rundbogenarkaden, ebenso die mittlere der unteren Schmalseite, alle anderen sind kleeblattförmig. Jede Arkade wird von der folgenden durch ein Säulenpaar getrennt. Alle Leisten des Unterbaus, der Arkaden, Gesimse, Giebel und des Daches sind reich geschmückt, der First von fünf Knäufen bekrönt. In den Arkadenzwickeln der Langseiten befinden sich oben Halbfiguren von Engeln, unten von Tugenden.

Die vollplastischen Figuren des Schreines haben zu Recht seinen Ruhm begründet, insbesondere die eigenhändigen Arbeiten des Nikolaus von Verdun. Die spätere Rückwand zeigt oben die Krönung der Märtyrer Felix und Nabor durch Christus – auch ihre Reliquien brachte Reinald von Dassel aus Mailand mit, sie befinden sich im Schrein –, unten in der Mitte Jesaias, links die Geißelung, rechts die Kreuzigung, im Dreieck Reinald von Dassel. Auf der Stirnwand thront oben Christus als Weltenrichter zwischen zwei Engeln, darüber Halbfiguren von Gabriel und Raphael – ein Michael ging verloren. Unten sitzt in der Mitte die Madonna mit dem Jesuskind. Von links nahen sich die Heiligen Drei Könige mit Otto IV., rechts sieht man die Jordantaufe. Der Tag beider Ereignisse ist der 6. Januar. Zu Seiten des Weltenrichters thronen an den Langseiten die zwölf Apostel mit einem Seraph und einem Cherub in ihrer Mitte. Sie halten die Modelle je eines von ihnen begründeten Bischofssssitzes in Händen. Unten sitzen Könige und Propheten des Alten Bundes: Aaron, Habakuk, Ezechiel, Salomon, Joel, Naum, Amos, Moses, Jonas, Abdias, David, Daniel (Abb. 16), Joachim und Jeremias. Die unteren Figuren blieben alle erhalten, während von den oberen fünf Ergänzungen sind.

Als eigenhändige Arbeiten des Nikolaus von Verdun gelten die Propheten, der Weltenrichter, der linke Engel und die Madonna; einige der Apostel sind strittig. Das Besondere dieser Gestalten ist der Kunstgeschichte nicht verborgen geblieben. Bei Hermann Schnitzler heißt es über sie: »Den Ruhmestitel des Nikolaus macht die Wiederentdek-

89

90

Abb. 16   Daniel vom Dreikönigsschrein des Kölner Domes,
Nikolaus von Verdun, etwa 1181–1200   ◁

kung der klassischen Antike... aus. ... Die Kunst des Nikolaus von Verdun muß... eine
Wirkung ausgestrahlt haben, die heute noch kaum zu übersehen ist. Alles zwischen
Loire und Weser, was ihr an Werken der Goldschmiedekunst, der Buchmalerei oder im
monumentalen Bereich der Kathedralen gefolgt ist, baut... auf dieser Sicht des Klassischen auf. Sie hat in dieser Form jahrzehntelang die Welt durchdrungen.«[65] Zu tief-
greifenden Einsichten kommt Peter Cornelius Claussen. Er stellt fest, daß Nikolaus
zwar antike Vorbilder gehabt hat, sie aber in der künstlerischen Leistung und menschlichen Aussagekraft weit übertroffen hat: »Wir entdecken ein Genie, das uns in der
künstlerischen Durchdringung ein Menschenbild vorwegzunehmen scheint, das erst in
der Neuzeit erobert worden ist. Kriterien für eine solche Sicht sind erstens die Auseinandersetzung mit antiken Vorbildern, zweitens ein Studium nach der Natur. Und beide
Vorgehensweisen beinhalten einen wissenschaftlichen Ansatz, den wir mit Renaissance
und Neuzeit assoziieren. ... Verschiedene Altersstufen und Temperamente, Schönheit
und Häßlichkeit werden uns... als künstlerisches Bravourstück vorgeführt. ... Die
Reihe der Prophetenköpfe am Dreikönigenschrein ist wohl die eindrucksvollste ›Por-
trätgalerie‹ des hohen Mittelalters. Der Ruf der Ausnahmeerscheinung, des Genies,
den man mit Nikolaus von Verdun verbindet, gründet mehr und mehr auf dieser Leistung. Ein unerhört waches Interesse am Menschen ist hier zu spüren. ... Die Propheten... sind von vorwärtsdrängender Kraft beseelt und stehen im Disput untereinander,
oder – wenn man will – mit dem Betrachter, einem Disput, der so leidenschaftlich geführt wird, daß es die einzelnen Figuren kaum auf ihren Sitzen hält. Der Geist, der hier
zum Ausdruck kommt, ist alles andere als klassizistisch. ... Gerade deshalb ist es so bemerkenswert, wenn wir in einem Kunstwerk des 12. Jahrhunderts plötzlich einen
Wirklichkeitssinn erkennen, der unserer eigenen Sicht der Dinge bzw. der Menschen
partiell zu gleichen scheint.«[66]

Dieser Schrein erinnert uns erneut daran, daß das Mittelalter unsere Zeit, die fünfte
nachatlantische Kulturepoche, vorbereitet hat. Verweilen wir zunächst beim Aufbau
des Ganzen: Köln besitzt viele kostbare romanische Schreine,[67] aber nur bei einem weiteren findet sich die Siebenteilung der Längswand des Dreikönigsschreins anstelle der

91

sonst üblichen Sechsteilung. Trotzdem wird von Nikolaus – im Unterschied zum anderen, älteren Schrein – die Zwölfzahl der Apostel beibehalten. Eigentlich haben wir es auch mit zwölf Propheten zu tun, da Salomon und David als Könige hervorgehoben sind und unter Cherubim und Seraphim sitzen. Die obere Sphäre mit Christus als Weltenrichter inmitten der Engel, Erzengel, Cherubim, Seraphim, Märtyrer und Apostel mit den Medaillons der Apokalypse ist deutlich als eine künftige Zeit charakterisiert. Die untere ist die irdische Sphäre, in der sich das Christusleben – dargestellt auf den Schmalseiten und in den Medaillons – abgespielt hat, in der Könige regierten, angefangen von David und Salomon über die drei Magier aus dem Morgenland bis zu Otto IV., in der Priester die Sakramente spendeten – Aaron und Reinald von Dassel mit der Bischofsmütze – und Propheten auf das kommende Heil verwiesen. Die Einbindung zweier Zeitgenossen des Künstlers, des Kanzlers Reinald von Dassel und des Gegenkönigs Otto IV., des Staufertreuen und des Welfen, in das Programm symbolisiert den ungebrochenen Strom des Priesterkönigtums, wie ihn die drei Weisen aus dem Morgenland repräsentieren. Jeder deutsche König zog hinfort nach seiner Salbung in Aachen, die ihn in den Priesterstand einbezog, zu den Heiligen Drei Königen nach Köln. Wie Seraphim und Cherubim Mittelpunkte innerhalb der Apostel sind, so sind es auch die Könige David und Salomon inmitten des Alten Bundes. Jeder Apostel ist mit einer Kirche verbunden, die seine Hand berührt. Das ist für die Gläubigen wichtiger als die vergleichsweise unscheinbaren Attribute es sind; denn ebenso sind die drei Magier mit dem Kölner Dom verbunden. Wie die Propheten das Christusleben verkündeten, das über ihnen nicht vollplastisch wie die Figuren, sondern als Bild, als Imagination gleichsam (vermutlich graviert) erschien, so verkündete Johannes die Apokalypse, die über den Aposteln als Schau sichtbar war. Die Glasschmelzen und bunten Edelsteine schaffen eine Atmosphäre des Aurischen, das sich in seiner Farbenfülle offenbart und alles umhüllt. Der Hintergrund strahlt in der Goldfarbe der geistigen Welt, des Sonnenmetalls, das überall ausgebreitet ist.[68] – Wir können die Zwölfzahl in der Siebenzahl auf den Langseiten als eine Durchdringung der Tierkreis- und Planeteneinflüsse im Menschen auffassen. Temperament, Charakter und Beruf wurden als ihre Auswirkungen angesehen. Die zwölf Tugenden,

92

die sich der Mensch im Leben erwerben soll, vervollständigen als Halbfiguren das Programm.

Die vierzehn Propheten und Könige sind in ihrer irdischen Lebensfülle und geistig-seelischen Ausdruckskraft als Plastiken in Edelmetall für alle Zeiten einzigartig; in Stein haben sie nur zweimal ebenbürtige Nachfolge gefunden, in Bamberg und Naumburg. Es ist bemerkenswert, daß es gerade Mitteleuropa ist, wo erstmals in christlicher Zeit Gestalten geschaffen werden, in denen uns wirklich icherfüllte Menschen zu begegnen scheinen, und daß, wenn auch in anderem Material und Format, dieses künstlerische Vermögen hier eine Fortsetzung findet. Antike Vorbilder konnte man seit Jahrhunderten studieren, man hat sie, wenngleich in anderer Weise, auch schon früher in Gegenwartskunst umgesetzt. Wofür es jedoch kein Vorbild gab, das zeigen die Propheten des Nikolaus: die Ichkraft. Sie ist im schaffenden Künstler wirksam und fließt aus der gestalterischen Kraft seiner Hände in die Figuren.

Nicht Gestik und Bewegung, so ausdrucksstark sie auch sind, nicht wundervolles Fließen der zarten Gewänder machen das Einmalige dieser Schöpfung aus, sondern der bewußte, wache Zug der Gesichter und die Wiederentdeckung des atmenden, vom warmen Leben durchströmten Menschen. Hier ist Plastik, was sie einmal in Griechenland war, aber schon nicht mehr in Rom: »Wie wir zu suchen haben die Baukunst als die Gestaltung der Gesetzmäßigkeit des physischen Leibes außer uns, so haben wir zu suchen die Skulptur als die Gesetzmäßigkeit unseres Ätherleibes in uns; wir fügen sie dann nur in Bildern in die Bildwerke hinein. Alle Gesetzmäßigkeit der Plastik ergibt sich, wenn wir dies betrachten. ... Daher tritt das Skulpturwerk so vor uns auf, daß es den Schein von Leben erweckt.«[69] Wie ist es möglich, daß Nikolaus – wie die Forschung bemerkt hat – mehr gibt, als die von ihm als Anregung benutzten antiken Vorbilder? Festzustellen ist, daß alle großen Kunstwerke in der Welt der Urbilder gründen. Ein Abbild solchen Urbildes muß der schaffende Künstler in seiner eigenen Seele finden. Zudem kann man an ein Wiederaufleben griechischen Lebensgefühls aus einer früheren Inkarnation denken, gepaart mit dem mitteleuropäischen Ichimpuls; wie es genau 600 Jahre später bei Goethe wieder auftaucht. Nicht zu vergessen, daß es in beiden Fällen

93

genau die Zeit ist, in der die deutsche Volksseele inkarniert ist, die Zeit um 1200 für Nikolaus von Verdun, die Zeit um 1800 für Goethe. Nikolaus hat wie Goethe als ein großer Anreger gewirkt. Goethe ist 1749 geboren, Nikolaus müßte um 1150 geboren sein, wenn er 1181 sein erstes großes Meisterwerk vollendete. Die Zeiten, in denen große Kulturimpulse ausstrahlen, werden von Perioden vorbereitet, in denen esoterische Gemeinschaften in das öffentliche Leben treten. 1118 wird der Templerorden gegründet, 600 Jahre später, 1717, die Große Loge von London, die erste offizielle und umfassende Freimaurervereinigung. Beide breiten sich rasch auch in anderen Ländern aus, darunter in Deutschland. 33 Jahre nach Gründung der Großen Loge von London wird Goethe geboren, im Verlauf seines Lebens selbst Freimaurer hoher Grade, nach weiteren 33 Jahren arbeitet er am »Wilhelm Meister« und an der »Iphigenie«. Es geht hier nicht darum, Parallelen zu konstruieren, aber ist es nicht erstaunlich, daß Nikolaus von Verdun ungefähr 33 Jahre nach Gründung des Templerordens geboren sein muß und abermals 33 Jahre später an seinem Hauptwerk, dem Dreikönigsschrein, arbeitet?

Begibt man sich mit dem ganzen Empfinden in jede einzelne seiner Gestalten, so kann man erleben, wie locker sie dasitzen, wie die Bewegungen der Arme und des Kopfes gelöst sind und der Körper so gestaltet ist, wie er sich durch ein zur Lebensgewohnheit gehörendes, volles Durchatmen bildet. Man beachte den weiten Brustkorb, die durchatmeten Gliedmaßen, die lockeren Schultern und die mit Sorgfalt gestaltete Kehlkopfregion. Die so überaus schönen Gewänder beengen nicht und passen sich dem Atemstrom an. Sie führen herab und geben Rundung und Fülle.

Bei aller Verschiedenartigkeit der Gesichter, alt und jung, bärtig und glatt, kahl und gelockt und so weiter, gibt es doch Gemeinsamkeiten, die für viele gleichermaßen gelten: Sie lächeln nicht, alle sind ernst, die Stirne gefurcht, die Augen groß, ausdrucksvoll, in eine bestimmte, jeweils andere Richtung blickend, die Nase ist sensibel, die Falten ziehen sich von den Nasenflügeln herab, und die Mundwinkel weisen nach unten, die Lippen sind kräftig geformt. Dem Erkennen dieser Plastiken wird hier noch ein weiterer Sinn dienen, der Lebenssinn, indem wir uns in die beobachtete Haltung begeben.

Abb. 17   Jonas vom Dreikönigsschrein des Kölner Domes, Nikolaus von Verdun, etwa 1181–1200

Habakuk und Jonas (Abb. 17) gehören wohl zu den ausdrucksstärksten Gestalten. Jonas lehnt sich weit zurück, nach rechts geneigt, und weist dem Betrachter ein Spruchband, das er fest in Händen hält. Seine geöffneten Beine zeichnen sich unter dem dünnen Gewand ab. Ein reich drapiertes Übergewand ist auf seiner rechten, zurückgeführten Schulter zusammengefaßt. Die linke Schulter geht nach vorne, auch die atmende Brust zeigt sich auf dieser Seite deutlich. Der fein gearbeitete Hals wird durch keinen Bart verdeckt, denn Haar- und Bartwuchs sind spärlich. Die Augen blicken aus den Winkeln nach links oben, zu den Szenen aus dem Leben Christi, ein wenig ist die linke Braue gehoben. Über der Nasenwurzel ist die Stirn besonders durchgearbeitet. Einige Stirnfalten verleihen dem ansonsten glatten Gesicht einen nachdenklichen Charakter. Die Nasenflügel sind sensibel, eine leichte Falte führt von ihnen herab. Die Lippen sind ernst geschlossen, ihre Umgebung weich und hingebungsvoll. Man gewinnt den Eindruck, daß dieser Mensch uns sagen will: Ihr würdet nicht so in den Tag hineinleben, wenn euch bewußt wäre, was ich weiß! – So kann man Gestalt für Gestalt demnach beschreiben, was sie dem Betrachter mitteilen möchte.

Gewaltig ist der Eindruck dieser in sich ruhenden, ihrer Mission bewußten und mit Leben erfüllten Gestalten, eingebettet in die Magie des Goldes, umstrahlt vom Zauber der Edelsteine. Wie eine Imagination aus geistigen Welten können sie demjenigen erscheinen, der sich ihnen mit den rechten Gemütskräften naht.

Die Türen von St. Maria im Kapitol als Seelenkalender

St. Maria im Kapitol ist in mehrfacher Beziehung eine bemerkenswerte Kirche. Es war von ihr als der ersten Trikonche bereits die Rede. Sie ist breiter gelagert als diejenige von St. Aposteln und Groß St. Martin, weil die Seitenschiffe um die drei Konchen herumgeführt sind. Die Krypta unter der Trikonche gehört nach Speyer zu den größten in Deutschland.

Die Geschichte des Baues beginnt schon in vorchristlicher Zeit mit der Dreiheit römischer Götter, denen hier, auf dem Kapitol, ein Tempel geweiht war: Jupiter, Juno, Minerva. Die drei Konchen der heutigen Kirche bilden gleichsam eine Fortsetzung dieser Dreiheit. Um 689 gründete Plektrudis, die Gattin des fränkischen Hausmeiers Pippin von Heristal, an dieser Stelle das Stift, in dem sie schließlich auch ihr Leben beschloß. Drei Jahre regierte sie bis zur Übernahme der Nachfolge Pippins durch den Friedelsohn Karl Martell von hier aus das Reich der Franken. Auf Erzbischof Bruno geht das Benediktinerinnenkloster zurück, dessen Bauten sein Testament fördern wollte. Der gegenwärtige Bau wurde unter der Äbtissin Ida, einer Enkelin Kaiser Ottos II., errichtet und 1049 von Papst Leo IX. in Anwesenheit von 72 Bischöfen geweiht. Vollendet war er wohl erst mit der Weihe der Ostkonche und der Krypta durch Erzbischof Anno II. im Jahr 1065. Zwar mit dem Schwerpunkt im Osten, aber durch Ida mit dem Kaiserhaus verbunden, besitzt die Kirche ein dreitürmiges Westwerk mit einer Empore für den Kaiser oder die Äbtissin. Vom Mittelturm ist nur noch der untere Teil erhalten.

Wahrscheinlich war 1049 bereits das Hauptwerk der Kölner Bildhauerkunst des 11. Jahrhunderts vollendet, das die Nordkonche zierte: die berühmten geschnitzten Holztüren, die ersten nördlich der Alpen und die ältesten seit denjenigen von Sta. Sabina in Rom aus dem ersten Drittel des 5. Jahrhunderts.

Bei diesen Türen ist die Ikonographie von zentraler Bedeutung (Abb. 18). Jeder Flügel weist dreizehn Tafeln auf, eingefaßt von Perlstäben und von einem breiten Flechtband gerahmt, dessen Schnittpunkte durch verzierte Knäufe betont werden. Die dreizehn Tafeln sind von einem Schriftband in lateinischer Sprache umschlossen, dieses wiederum von einem Wulst aus Akanthusblättern. Die Tafeln sind aus Nußbaum geschnitzt, auf Eichenholzbohlen befestigt und farbig gefaßt. Sie sind so angeordnet, daß auf eine Tafel, die die gesamte Breite einnimmt, mehrere knapp halb so breite folgen, und zwar nach den beiden ersten breiten jeweils vier, nach der dritten zwei hochrechteckige. Folgende Szenen aus der Heilsgeschichte von der Verkündigung bis zum Pfingstfest sind dargestellt:

97

Linker Türflügel

1. Verkündigung, Heimsuchung
2. Verkündigung an die Hirten   3. Die Geburt
4. Die drei Könige vor Herodes   5. Anbetung der Könige
6. Der Engel erscheint Joseph, Flucht nach Ägypten
7. Die Boten vor Herodes   8. Die Boten bei den Schriftgelehrten
9. Kriegsknechte vor Herodes   10. Bethlehemitischer Kindermord
11. Darbringung im Tempel, Taufe
12. Erste Versuchung   13. Zweite Versuchung

Rechter Türflügel

14. Einzug in Jerusalem
15. Heilung des Blinden   16. Auferweckung des Lazarus
17. Christus am Ölberg   18. Übergabe der Schlüsselgewalt an
Petrus
19. Abendmahl
20. Himmelfahrt (Christus, Engel)   21. Kreuzigung
22. Himmelfahrt (Maria, Jünger)   23. Die Frauen am Grab
24. Pfingsten
25. Dritte Versuchung   26. Die Engel dienen Christus

Die Himmelfahrt beansprucht zwei, die Versuchung drei Tafeln, dafür werden auf drei
Tafeln jeweils zwei Ereignisse sichtbar (erste, sechste, elfte Tafel), so daß nicht nur die
Zahl der Tafeln 26 beträgt, sondern auch die der Ereignisse.

   Sollte hier ein Zusammenhang mit den 52 Wochen des Jahres bestehen? Diese Frage
drängt sich dem Betrachter auf. Handelte es sich um ein Meditationstableau, wobei eine
Tafel oder ein Ereignis jeweils zwei Wochen vor der Seele zu stehen hätte, wie wäre dann

Abb. 18 Holztüren von
St. Maria im Kapitol in Köln,
um 1049

99

der Weg? Es gibt drei Möglichkeiten – sowohl für die Tafeln als auch für die Ereignisse: Der Meditierende verweilt zwei Wochen bei einem Bild und wechselt dann zum nächsten; er durchläuft einmal den ganzen Zyklus und beginnt dann erneut; er geht einmal von Woche zu Woche den Weg durch alle Bilder und legt ihn anschließend ein zweites Mal rückwärts bis zur Verkündigung zurück.

Was war wohl gemeint? Man kann darauf eine Antwort finden, indem man Daten für jede Woche einsetzt. Es gibt zwei, Jahr für Jahr gleichbleibende Daten, das der Geburt und das der Jordantaufe. Da die dritte Tafel das Geburtsmotiv zeigt, baut der Zyklus auf sie auf. Setzt man also das Datum des 24. Dezember für die mit diesem Bild beginnende Woche ein, so erscheint nach dem Einsetzen aller Daten von den genannten drei Möglichkeiten allein diejenige als sinnvoll, die Woche für Woche eine Tafel im Bewußtsein behält und nach dem Durchlaufen aller 26 Tafeln den Weg Tafel für Tafel rückwärts schreitet. Einen einmal gegangenen Weg in der Erinnerung rückwärts zu durchschreiten, ist der tatsächliche Ablauf, den jeder Mensch mit dem Tod erlebt, wenn das große Erinnerungstableau seines Lebens für ihn abrollt.

Einige Tafeln nehmen nicht die Stelle ein, wo sie sich nach der Chronologie der Evangelien befinden sollten: Dies gilt für die Darbringung im Tempel nach der Flucht, für die Heilung des Blinden und die Auferweckung des Lazarus, die hier nach Palmsonntag erscheinen, für die Himmelfahrt, die hier der Kreuzigung vorangeht, für die dritte Versuchung und die Christus dienenden Engel, die hier auf Pfingsten folgen. Das Schriftband – wenn auch unvollständig erhalten – kann weiterhelfen. Es lautet in der Übersetzung: »Der Engel verkündet / durch den die Unfruchtbare erfreut wird / der wird als Gott in die menschliche Enge eingeschlossen / er wird den Hirten verkündet / der König gibt den Befehl / diese ziehen weiter / geführt vom Stern spenden sie ihre Geschenke / so wie es ihm im Traum gelehrt wird / führt er diese nicht säumigen Fußes / der König wird verspottet / ihm eröffnet der Schriftgelehrte die Wahrheit / er gibt den Befehl die Unschuldigen ... / ... diesen gibt er dem Leben wieder / er der den Blinden die Augen gesalbt hat / die anderen sind schlafbefangen / während er zu Petrus sagt: Du Fels / mit den Reinen hält er Mahl / Der den Judas im Herzen verblendet / Hier stirbt er / Er ist in das Grab gelegt und aus dem Grab gehoben / während er zum Himmel aufsteigt«.[70] An zwei Stellen schildert es die Abfolge der Ereignisse anders als die Tafeln, bei Geburt und Verkündigung an die Hirten sowie bei Himmelfahrt, Kreuzigung und Auferstehung. Bei Lazarus und der Blindenheilung heißt es: Er, der die Heilung bereits vollzogen hat, gibt den Toten »dem Leben wieder«, so daß die Bildfolge zum Text paßt. Eine Vertauschung mancher Tafeln hält die Forschung für wahrscheinlich. Im Fall der Himmelfahrt ist sie anzunehmen, nicht jedoch bei der Verkündigung an die Hirten, da der Engel vom Ort des Geschehens kommt und zudem beide Geburtsbilder untereinander konzipiert sind.

Durch diese Anordnung, der nichts Eigenwilliges oder Zufälliges anhaftet, gelangen bestimmte Ereignisse im Rhythmus des Jahres an die Stelle, die ihnen wirklich zukommt: Christus am Ölberg, das Abendmahl, die Kreuzigung, Himmelfahrt und Pfingsten. – Das Fest der Wintersonnenwende fällt zusammen mit der Verkündigung der frohen Botschaft an die Armen, die Hirten. Der Frühling beginnt mit der Heilung des Kranken in Gestalt des Blinden, auf dessen Stirnauge Christus die Finger legt. Der Imagination – wie Rudolf Steiner die Botschaft an die Hirten nennt – in der Winterszeit folgt der Blick in die keimende Frühlingswelt mit dem hellseherischen Auge. – Wenn das Bewußtsein des Menschen im Hochsommer, zur Zeit der Sommersonnenwende, in den Kosmos hinaus träumt, dann tritt der Versucher an ihn heran. Wenn der Herbst einsetzt und der Mensch für die Ernte dankt, die ihm die göttlichen Mächte beschert haben, dann steht ihm das Bild der Darbringung im Tempel vor der Seele. So hat jedes Bild in der Vor- und Rückschau seinen wirklichkeitsgemäßen Platz gefunden, wie diese wenigen Beispiele illustrieren.

Es ist bemerkenswert, daß bestimmte Stationen durch ihre Stellung im Bilderzyklus, wie die eingesetzten Daten zeigen, hervorgehoben werden: Christus am Ölberg, das Abendmahl, die Kreuzigung, Himmelfahrt und Pfingsten. Die Bejahung des Leidens, der Beginn des christlichen Kultus, das Mysterium von Golgatha, die Heimkehr in die göttliche Welt und die Wiederkunft Christi waren dem Schöpfer dieser Ikonographie am wichtigsten. Denn Pfingsten ist hier nicht allein Bild für den Heiligen Geist eines kommenden Zeitalters, sondern zugleich für die Wiederkunft Christi: Er selbst erscheint

101

unter seinen Jüngern, auf deren Häuptern die Flammen züngeln: Eine in der Tat ungewöhnliche Darstellung. – Wir sehen, wie jede Veränderung der Reihenfolge oder Bildgestalt des überlieferten Inhalts einen tieferen Sinn erhält.

Breit, über viele Tafeln hin wird aus bestimmten kurzen Zeiträumen des Christuslebens erzählt: Neun Tafeln beziehen sich auf die Geschehnisse der ersten Wochen des
Jesuskindes, fünf Tafeln auf die vierzig Tage von der Jordantaufe bis zu den Versuchungen, acht Tafeln auf die 57 Tage ab Palmsonntag, die nun in der Tat zu den bedeutungsvollsten zählen. Die Ausführlichkeit der Herodes- und der Versucherszenen sind zu verstehen, wenn man sich bewußt macht, daß der fünfte nachatlantische Kulturzeitraum in
Mitteleuropa schon im 11. Jahrhundert vorbereitet wurde. In diesem soll der Mensch das
Böse kennenlernen. Die Bilder des Bösen rückt sich der Meditierende der Holztüren von
St. Maria im Kapitol insgesamt sechzehn Wochen vor die Seele.

Die Art der Darstellung zielt ganz auf die Eindringlichkeit des Bildes, die es anschaulich im Innern verankert. Die Gestalten sind gedrungen, riesig die Häupter, Augen und
Nase betont, gewaltig die Hände, kräftig die Füße. Jede Gestalt ist ganz Seelengeste, bis
in die Falten der Gewandung. Selbst die Requisiten sind in den seelischen Ausdruck
einbezogen. Tief nahm der Betrachter diese holzgeschnitzten Szenen in sein Gemüt auf,
deren Bildcharakter, damit an das imaginative Element eines Schulungsweges gemah-
nend, durch die Rahmung im Stil von Miniaturen und durch die Bemalung gesteigert
wurde. Heute sind nur noch Reste der Fassung erhalten, aber es ist erwiesen, daß die
Gestalten vor einem goldgelben Hintergrund leuchtend bemalt waren, zudem ihre Gewandfalten in anderen Farben hervorgehoben waren oder Blüten auf grünem Rasen,
rote Bogen vor weißen Architekturquadern prangten.

Das Mysterium der Geburt und das Mysterium des Todes hat die Menschen des Mittelalters beschäftigt. Die mittelalterliche Literatur zeigt uns, daß das Wirken des Bösen und
die Wiederkunft Christi ebenso zentrale Themen waren. Mit dem Mysterium der Geburt haben es fünf Szenen zu tun, von der Verkündigung bis zur Anbetung der Könige.
War es nicht als Wunder erlebbar, daß Maria und Elisabeth, die Jungfrau und die unfruchtbare alte Frau, je einen Sohn zur Welt gebracht haben? Die fünf Herodes- und die

drei Versuchertafeln nehmen in ihrer Ausführlichkeit eine Sonderstellung ein, die nur der vertieften Auseinandersetzung mit dem Bösen gedient haben kann. Die Flucht nach Ägypten führt in das uralte Mysterienzentrum. Die Bedeutung wird im Engel des vorangehenden Bildes als Impulsator anschaulich. Darbringung im Tempel und Taufe stehen für die Aufnahme in die Gemeinschaft der Gläubigen, für die in den Alten Bund und für die in den Neuen, der durch den Logos seinen Anfang nahm. – Eine neue Zeit naht mit dem Einzug in Jerusalem. Zu ihr gehört die Öffnung des Seherauges inmitten der Stirn des Blinden durch die segnende Hand Christi (Abb. 19) und die Auferweckung des Lazarus als christliche Einweihung. Der Blinde hält mit dem Stab ein Tau, Symbol der Selbstlosigkeit, in der einen Hand, in Adorantenstellung ist die andere erhoben. Seinem geistigen Rang entsprechend, ist er klein gegenüber Christus und den beiden Jüngern, die etwa Baumgröße erreichen. Die Jünger sind in den Linien ihrer Gewandfalten und in der Willensrichtung ihrer Schritte fast getreues Abbild ihres Meisters, während der Kittel des Blinden ungeformt herunterhängt. – Der dreimal kreuzweise gebundene Lazarus – neben seinem Sarg am Boden seine Schwester – wird von zwei Jüngern als Helfern gehalten, zugleich geht von der segnenden Rechten Christi ein Kraftstrom auf ihn über. Christi Finger und Augen sind übergroß, auch an Höhe überragt er alle. – Oft zeigt der Faltenverlauf des Gewandes Einklang unter den Menschen an, zum Beispiel bei den Jüngern des Einzugs in Jerusalem und bei den Heiligen Drei Königen der Anbetung. Das Gewand kann auch Hülle sein, dessen Bausch zwei Menschen wie in einer Aura umschließt, die ein gemeinsames Schicksal haben, zum Beispiel Maria und Elisabeth der Heimsuchung oder Mutter und Kind auf der Flucht. – Auf die Erweckung des Lazarus folgt am Ölberg der Beginn des Leidensweges und die Begründung der petrinischen Kirche in der nächsten Szene. Dann tritt das Böse in Judas auf. Er führt gleichzeitig mit Christus die Hand zum Mund. Das Tischtuch, das sonst mit seiner gleichförmigen Drapierung Harmonie anzeigt, ist bei Judas entzwei gerissen. Er ist der kleinste, schwer senkt sich der Vorhang über seinem Haupt. Das Mysterium des Todes auf Golgatha vollzieht sich am lebendigen Holz. Die Menschlein mit Essigschwamm und Lanze reichen dem Gekreuzigten gerade bis zur Brust. Über dem Engel am Grab jubeln die himmli-

103

Abb. 19   Heilung des Blinden, rechte Holztüre von
St. Maria im Kapitol in Köln, um 1049   ◁

schen Heerscharen am Tag der Auferstehung. Trauer und Bestürzung herrschen bei den Zurückbleibenden angesichts der Himmelfahrt. Einer der Jünger senkt das Haupt, ein anderer wischt sich eine Träne aus dem Auge. Mit der Wiederkunft Christi und den Engeln, die ihm nach den Versuchungen dienen, endet der Zyklus als Ausblick auf ein kommendes Jahrtausend.

Als die Türen entstanden, war es erst knapp ein halbes Jahrhundert her, daß unzählige Menschen in ganz Europa vergeblich auf die Wiederkunft Christi und den Beginn einer neuen Zeit gewartet hatten. Nun geht der Blick mit der Folge der Szenen auf den Türen rückwärts, zum Geheimnis des Todes, zum Leidensweg, dem Bösen, das überall seine Wirksamkeit entfaltet, vor dem selbst unschuldige Kinder nicht sicher sind, bis zur Verheißung des ersten Bildes, einer Verheißung, die seit der Auferstehung bleibendes Unterpfand für alle Menschen ist.

So wurde der Besucher des Gotteshauses, bevor er die Schwelle überschritt, bevor er in den Bereich der Aura eintrat, die eine solche Heimstatt guter geistiger Wesen umstrahlt, auf einen Weg der Verinnerlichung gewiesen, der sich unter günstigen Bedingungen in einen Schulungsweg wandeln konnte.

Das Straßburger Münster und die Plastik des südlichen Querhauses als Schulungsweg

Eine tief bedeutsame Periode für die neuere Menschheitsentwicklung ist die Zeit um das Jahr 1250. »1250... war... der Ausgangspunkt jener Offenbarung, ... die am tiefsten in der ganzen Rosenkreuzerei sich ausprägte. ... Ja, hinter dem, was ich jetzt gesagt habe, verbergen sich zum Beispiel auch diejenigen Kräfte, die in den schon bestehenden und abflutenden Kreuzzügen wirksam sind. ... gegen das Heranrücken des Jahres 1250 [beginnt] eine... große Inspiration für die Menschheit.« An anderer Stelle heißt es bei Rudolf Steiner: »Die Rosenkreuzer sind nichts anderes als die Fortsetzer des Templerordens.«[71] Da Christian Rosenkreuz erst nach dem Untergang des Templerordens geboren wurde, müssen die Träger dieser Inspiration um 1250 die Templer gewesen sein. Sie sind mit ihren Heldentaten im Heiligen Land und anderswo und mit modernen ökonomischen Organisationsformen in die äußere Geschichte getreten. In der Baukunst zeugen in vielen Ländern Achteckkirchen von ihnen. Wissenschaftler haben darauf hingewiesen, daß die Gotik ihnen ihren Ursprung verdankt. Auch Entdecker wie Heinrich der Seefahrer schöpften aus ihren Quellen. In Deutschland war schon 1131 die erste Niederlassung der Templer gegründet worden, aber im 12. Jahrhundert war sie noch der Ordensprovinz Frankreich unterstellt. Erst im 13. Jahrhundert nahm ihre Zahl so zu, daß Deutschland eine eigene Ordensprovinz wurde. Um 1200 läßt sich die Verbindung des Ordens zu einer der Kunststätten belegen, denen unser Augenmerk gelten soll, zu Bamberg und seinem Bischof. Es ist die Zeit, in der dort einer der größten deutschen Bildhauer tätig ist.

Es geht um die Deutung eines Phänomens, das jedem Kenner der Kunstgeschichte auffallen muß. Dem deutschen Künstler ist aus der Tradition die Steinbildhauerkunst fremd. Der Germane schuf in Holz oder Metall. In Metall, Elfenbein, Holz hat die frühchristliche Bildhauerei Mitteleuropas ihre schönsten Werke hinterlassen. Auch im ausgehenden Mittelalter wurden herrliche Plastiken in Holz geschaffen, Erlesenes in Metall. Das reichste Figurenportal in Deutschland, in Freiberg, zeigt deutlich die Verwandtschaft mit französischer Kathedralplastik. Demgegenüber gibt es einen mitteleuropäischen Strom, auch wenn er formale Anregungen aus Frankreich übernommen hat, der nur für kurze Zeit floß, etwa von 1230 bis 1280, und dann für immer versiegte. Dieser Strom, der uns den Menschen in urbildhafter Gestalt zeigt, hebt in Straßburg mit der Synagoge an, führt zum Bamberger Reiter und endet mit den Stifterfiguren in Naumburg.

Nur ein Bewußtsein, das eine Ahnung davon gewonnen hatte, was der Mensch einmal werden soll, konnte solche Plastiken schaffen. Zu jener Zeit waren die Templer die einzigen, die aus esoterischen Quellen die Mission des Menschen kannten. Sie hüteten ihre Geheimnisse, aber sie ließen etwas davon in den Kulturstrom ihrer Zeit fließen, sei es mit der Geburt der Gotik, sei es mit den Bildern von Märchen oder dem, was Wolfram von Eschenbach und andere dichteten. Sein »Parzival« ist um 1210 vollendet, die »Contes de Graal« von Chrestien de Troyes vor 1190. Da wir über die Templer fast ausschließlich durch ihre Gegner unterrichtet sind, indem wir die lateinischen Quellen heranziehen, wundert es kaum, wenn sich die Spuren ihres Wirkens selten eindeutig nachweisen lassen.

Rudolf Steiner machte auf die Beziehungen der heiligen Odilie und des Odilienberges zum Gral aufmerksam, diejenige des Grals zu den Templern ergibt sich schon aus den Worten Wolframs. Der Odilienberg liegt Straßburg so nahe, daß man das Münster vom Gipfel des Berges mit bloßem Auge sieht. Das Nonnenkloster dort stand in hoher Blüte, als am Ende des 12. Jahrhunderts in ihm der » Hortus Deliciarum« mit seinen berühmten Miniaturen geschrieben und ausgeschmückt wurde. Künstler der Straßburger Bauhütte sind nachweislich von der im 19. Jahrhundert vernichteten Handschrift beeinflußt worden.

Die Forschung hat festgestellt, daß der Naumburger Bildhauer in Frankreich gearbeitet hat und der Straßburger und der Bamberger Meister französische Kathedralplastik kannten. Doch dies erklärt noch nicht die Einzigartigkeit dieser Plastiken im ganzen Abendland, wie auch Nikolaus von Verduns Kenntnis antiker Kleinplastik seine Meisterschaft nicht deuten kann.

Aus den geschilderten Zusammenhängen erhärtet sich, daß hier ein Templerimpuls eingeströmt sein muß. Er ist an der Komposition des Engelspfeilers – auch Gerichtspfeiler genannt – im südlichen Querschiff des Straßburger Münsters ebenso erkennbar wie an der Umgestaltung des Stoffes zum Gewand einer Idee an der Synagoge des südlichen Querhausportals (heute im Museum).

In den Tympana des Querhauses sind ausgewogene Darstellungen des Marientodes und der Marienkrönung zu sehen. Die Verklärung des weiblichen Elements findet ihre künstlerische Überhöhung in den Figuren der Ekklesia und der Synagoge zur Linken und Rechten des Portals, wie sie schöner nie geschaffen wurden: Sie zeigen Leben – die atmende Gestalt, Seele –, ein tiefes Empfinden und das Ich, das handelnd sein Schicksal

Abb. 20   Ekklesia vom Südquerhaus des
Straßburger Münsters, um 1230   ▷

Abb. 21   Synagoge vom Südquerhaus des
Straßburger Münsters, um 1230   ▷▷

erfüllt. Das aber ist das Ungewöhnliche, und gerade an der Synagoge ist es am deutlichsten zu zeigen.

Mancher frug, warum die Synagoge von dem Künstler so viel schöner gestaltet wurde als die siegende Kirche. Hatte er eine geheime Vorliebe für das Judentum, lag ihm die Formung des Mißgeschickes mehr? Das Motiv, in der mittelalterlichen Bauplastik öfter anzutreffen, war ihm vorgegeben, aber er wollte zwei völlig verschiedene Lebenspraktiken des christlichen Menschen darstellen. Die Verwandtschaft mit der Modestia am nördlichen Querhaus der Kathedrale von Chartres beruht auf Äußerlichkeiten, im Fall dieser Skulpturen auf Drapierung und Schnitt der Kleidung, auf ähnlicher Armhaltung der Ekklesia, doch das Seelisch-Geistige, das sich ausspricht, ist das ganz Eigene, Neue.

Frei und königlich, fest auf beiden, weit auseinander gestellten Beinen steht die Ekklesia (Abb. 20), Kelch und Kreuz sicher gefaßt, den Blick in die noch zu erobernde Ferne gerichtet. Man muß sich nachfühlend in beide Plastiken versenken, um sie in ihrem Ausdruck zu erfassen. Die Stellung der Füße, der Beine, jede Biegung der Gelenke, jede Drehung der Wirbelsäule, die Haltung des Kopfes, das Mienenspiel, die Bewegung der Arme, der Hände, bis hinein in die Fingerspitzen, muß vom Betrachter im eigenen Körper erlebt werden – man kann übrigens eine Weile ganz bequem so stehen wie die Ekklesia.

Anders bei der Synagoge (Abb. 21): Man beginne mit den Beinen, stelle die Füße so nah zueinander, biege dann die Knie ebenso weit auseinander, wie es uns die Plastik zeigt. So kann man nicht stehen; es ist gleichsam eine Momentaufnahme, der Augenblick, bevor man langsam und bewußt niederkniet; es ist ganz und gar nicht die Haltung eines ohnmächtig zusammensinkenden Menschen. Im Gegenteil entfaltet die Synagoge gerade im Kniegelenk starke Aktivität, und auch das Rückgrat ist nicht nach vorne gebeugt, sondern aufrecht, nur das Haupt ist demütig geneigt. Man versuche, ein Buch so zu halten wie die Synagoge die steinernen Gesetzestafeln in ihrer Linken: Nur die mittleren Fingergelenke sind angespannt, die ersten und dritten Gelenke ganz locker, überhaupt nicht gebogen, selbst der Daumen greift nicht zu. Sind aber die vier auf den Tafeln

108

109

liegenden Finger in der Sekunde gezeigt, in der sie rasch und entschlossen loslassen, aktiv, nicht von außen überwältigt, dann ist diese Darstellung vollkommen wirklichkeitsgemäß. Etwas weniger ausgeprägt gilt das auch für die Rechte, die mit nur drei Fingern den starken Speer locker umschließt.

Geisteswissenschaft zeigt, wie die Dreigliedrigkeit des Menschen in einen denkenden, fühlenden und wollenden sich nicht nur im Körperbau insgesamt offenbart, sondern sich auch in einzelnen Teilen des Körpers wiederholt, in den Gliedmaßen etwa, in Fingern und Zehen. Das Hüftgelenk zum Beispiel entspricht dem Wollen, das Kniegelenk dem Fühlen, das Fußgelenk dem Denken; das erste Fingergelenk offenbart den wollenden, das zweite den fühlenden, das dritte den denkenden Menschen. Wenn wir unter diesem Blickpunkt die Synagoge betrachten, so beobachten wir, daß die Spannung der Ellbogen- und Kniegelenke und der zweiten Gelenke der Finger der linken, überwiegend auch der rechten Hand auf Aktivität im Fühlen hinlenkt, wogegen das Lockerlassen in den meisten anderen Finger- und Gliedmaßengelenken auf Hingabe im Denken und Wollen weist. Dann steht der kämpfend nach außen gerichteten Ekklesia die nach innen, auf einen christlichen Schulungsweg deutende Gebärde der Synagoge gegenüber – dem petrinischen das johanneische Christentum. Dieses lag dem Künstler offenbar näher, daher die unvergleichliche Schönheit der ganzen Gestalt, wie sie sich unter dem zarten Gewand abzeichnet, und der Adel der Züge, den die dünne Augenbinde eher betont als verdeckt.

Erhärtet wird diese Auffassung nach Betreten des Querhauses, vor dem beide Plastiken wegweisend stehen. Sein Gewölbe erscheint wie getragen vom Engelspfeiler, der in seiner Art als stützender Pfeiler mit Figuren übereinander einzig ist. Dem Betrachter offenbaren sich hier Stufen eines Schulungsweges (Abb. 22). Unten sieht er das Viergetier, nicht in Gestalt großer inspirierender Geistwesen, sondern eher an überwundene Dämonen erinnernd; die Evangelisten stehen auf ihnen. Sie sind an den Tieren des Abgrundes vorbeigeschritten. Sie halten Schriftbänder als etwas dem Auge Greifbares in den Händen; die Sphäre der Imagination tut sich auf. Über ihnen stehen die Posaunenengel, dem Ohr vernehmbar; eine höhere Stufe, diejenige der Inspiration, ist erreicht.

110

Abb. 22 Engelspfeiler im südlichen Querschiff des Straßburger Münsters, um 1230

Auf der obersten Stufe, über Johannes, erscheint Christus selbst. Ihm zu Seiten tragen drei Engel Leidenswerkzeuge, Lanze, Dornenkrone, Kreuz und Nägel; nur in der Intuition kann die Passion wirklich nacherlebt werden, der höchsten Stufe, die der Geistesschüler erreichen kann. Auch die Einzelheiten sind von Bedeutung, die Baulichkeiten über den Jüngern, die auferstehenden Toten unter dem Christus, die Auswahl der Leidenswerkzeuge.

Wir haben eingangs die Bedeutung der Heiligen Lanze für das Heilige Römische Reich Deutscher Nation erläutert. Von ähnlicher Wichtigkeit für Frankreich war die Dornenkrone Christi, kostbarstes Signum des Königtums, für sie wurde Ste. Chapelle in Paris gebaut. So ist das wichtigste Symbol des göttlichen Leidensweges das Kreuz mit den Nägeln, umgeben von den Leidenswerkzeugen, die Heiltümer Deutschlands und Frankreichs wurden. Aber sie haben auch eine Beziehung zum dreigliedrigen Menschen, der an das Kreuz des physischen Leibes geheftet ist und sein irdisches Leben durchleiden muß. Das Haupt als das Organ des Denkens hat die Dornenkrone zu tragen; die Seite als Umhüllung des rhythmischen Menschen wird vom Speer geöffnet; die Gliedmaßen sind vom Nagel durchbohrt. Christus als Herr des Karmas, in der Sprache des Mittelalters als Richter, ist den Toten, die aus den Gräbern steigen, am nächsten. Er ist der erste, der den Gestorbenen begegnet. Die Zinnen des neuen Jerusalem erscheinen über den Häuptern der Evangelisten, Engel und dem des Christus wie zwölf Burgen. Sie erinnern an die zwölf Häuser, durch die die Sonne im Lauf eines platonischen Weltenjahres wandert. 25 920 Jahre braucht sie für ihren Weg durch den Tierkreis. Fest wie die Fixsterne stehen diese Mauern und Türme. Die sieben Engel könnten auch Boten der Wandelsterne, der sieben Planeten sein. Alle Figuren sind schön und edel gearbeitet. Ruhe und Gelassenheit, wie sie der Schüler eines Seelenweges braucht, strahlen sie aus. Christus schaut mitleidsvoll nach unten, und die Engel sind ihrer Aufgabe hingegeben. Jeweils zwei der Evangelisten wenden sich einander zu, schreiten beinahe zueinander. Johannes und Markus bilden ein Paar, Lukas und Matthäus das andere. So wird eine brüderliche Hinwendung anschaulich. Ihre Symbole sind von Pflanzenwuchs umgeben; sie sind als Realität in der ätherischen Welt anzutreffen.

Auch für den, der den spirituellen Gehalt dieses Pfeilers nicht zu enträtseln vermag, können seine Gestalten eine tiefe Wirkung auf das Gemüt ausüben, indem sie meditativer Inhalt werden. Wohl muß dabei stets der Pfeiler in seinem dreistufigen Aufbau das Bewußtsein erfüllen, dennoch ist es denkbar, sich Monat für Monat mit einer anderen Gestalt besonders intensiv zu verbinden und ihn dergestalt dreimal zu umgehen, um zu Ostern den Weltenrichter im Innern zu suchen. Und wer die hingebungsvolle Synagoge mehr liebt als die in der Welt kämpfende Kirche, wird den Weg der Leiden und der Siege über sich selbst und die Tiere der Tiefe finden und vielleicht Stufe um Stufe emporsteigen, wie es dieser Pfeiler im Bild veranschaulicht.

Man kann das Empfinden haben, daß künstlerische Reife und Idee jener bedeutenden Steinskulpturen gleicherweise Mysterienströmungen entstammen. Wie die Niederlassungen der Templer, so wandert dieser Kunstimpuls von Frankreich nach Osten.

Der Bamberger Dom und der Alte und Neue Bund

Heinrich II., der heilige, ist der Gründer des Bistums Bamberg, dessen Errichtung ihm schon wenige Jahre nach seiner Thronbesteigung innerster, eigenster Wunsch war. Am 1. November 1007 billigen 35 Teilnehmer einer Synode, mit Willigis an der Spitze, das Vorhaben Heinrichs. Willigis weiht den ersten Bischof, Eberhard, bisher Kanzler des Königs, am selbigen Tag. Aus Heinrichs und seines geistlichen Bruders Erbe und der Morgengabe seiner Frau wird die Gründung reich bedacht. Außerdem schenkt er Bamberg die kostbare Bibliothek Ottos III. Schon bald nach seiner Thronbesteigung im Jahr 1004 wird mit dem Bau einer Kirche mit zwei Krypten begonnen. An seinem 39. Geburtstag, am 6. Mai 1012, kann der neue Dom Maria, Peter, Paul, Georg und Kilian geweiht werden. Zu Ostern 1020 erscheint Papst Benedikt VIII. zu einer Synode in Bamberg, die 72 Bischöfe vereinigt. Ist das Bistum von Anfang an von jeder weltlichen Gerichtsbarkeit befreit, so wird es jetzt dem Papst übertragen und eine jährliche Zins-

leistung in Gestalt eines gesattelten weißen Pferdes vereinbart. Das Eigentum des päpstlichen Stuhles an Bamberg und anderen Schenkungen Heinrichs II. in Deutschland wird
zwar schon vor Ablauf von 33 Jahren, 1052, durch Heinrich III. gegen italienischen Besitz
getauscht, als einzige Leistung aus Deutschland bleibt aber weiterhin die jährliche Stellung eines gesattelten Zelters für den Papst bestehen.

Kaiser Heinrich II. und seine Gemahlin Kunigunde, auch sie heilig gesprochen, sind
rund 200 Jahre nach seinem Tod als lebensgroße Stifterfiguren an der Adamspforte
dargestellt worden. In der Ostkrypta des Domes sind sie beigesetzt. Eine Tumba von
Tilman Riemenschneider vor dem Chor zeigt wichtige Ereignisse aus dem Leben Heinrichs, unter denen eine Erscheinung Michaels mit der Seelenwaage und ein Gottesurteil,
dem sich Kunigunde auf Veranlassung ihres eifersüchtigen Gatten unterwerfen mußte,
mit dem Bamberger Dom verbunden sind. Seine Eifersucht bereuend, trug der einsam
in einer entfernten Kapelle des Domes Anwesende sie – ohne ihren Körper physisch zu
berühren – unter Anspannung aller seiner geistig-seelischen Kräfte dergestalt über glü-
hende Pflugscharen, daß die Anstrengung ihm die Besinnung raubte und sichtbare Spuren an seinen Händen hinterließ. Kunigunde unterwarf sich furchtlos dem Gottesurteil
und sandte hernach nach Heinrich, den man wie geschildert fand.

Der Bamberger Dom ist Lebensstation einer weiteren deutschen Heiligen geworden,
der Landgräfin Elisabeth von Thüringen. 1228 ist ihr Gatte zu Beginn des Kreuzzugs einer
Seuche erlegen. Ihr Oheim ist Bischof in Bamberg. Hier im Dom empfängt sie den Leichnam des Gemahls. Es ist die Zeit, in der der heutige Dom unter Verwendung alter Baureste
als doppelchörige, viertürmige Anlage mit Ostkrypta und Westquerschiff gebaut wird.
1237 wird er geweiht. In der kurzen Spanne zwischen 1220 und 1235 ist die Fülle an
Plastiken geschaffen worden, die seinen Weltruhm begründeten. Es ist zugleich die Periode, in der die Templer nachweislich in engerem Kontakt zum Bamberger Bischof stehen.
Seine Schwester, die heilige Hedwig, ist mit Herzog Heinrich aus dem Hause der Piasten
verheiratet. Er schenkt den Templern auf Bitten seiner Gemahlin, die sie in Bamberg
kennengelernt hatte, 1220 in Schlesien großen Besitz. Ihr Sohn, Herzog Heinrich II.,
verliert in der Mongolenschlacht von Liegnitz mit 500 Tempelrittern sein Leben.

Mit der Reihe der großen Bildwerke an den Chorschranken – die schon zuvor geschaffene Gnadenpforte gehört nicht dazu – kamen zisterziensische Werkleute nach Bamberg. Dieser Orden war – wie bekannt – den Templern eng verbunden. Etwa lebensgroße Figuren diskutieren paarweise an der Nord- und Südseite der Chorschranken: Propheten und Apostel. Es sind Halbreliefs in Stein von überwältigender Dramatik. Zwar sind die Gesichter im großen und ganzen noch stark typisiert, aber Körperhaltung, Gesten und Gewandfalten zeigen eine spannungsgeladene Dynamik. Die Propheten und Apostel erscheinen wie Meister des mittelalterlichen Triviums, der Künste der Dialektik, Rhetorik und Grammatik. Teile der Gestalten und die Köpfe treten vollplastisch hervor. Ihre Debatten sind teilweise so heftig, daß einer auf den anderen mit dem Finger weist oder zwei sich abrupt umdrehen, den Kopf noch zum Gesprächspartner gewandt, uns aber die Rückseite zukehrend. Der Kopf kann auch in eine den Schritten entgegengesetzte Richtung gelenkt sein, dann gibt es Verdrehungen, die geradezu akrobatisch wirken (Abb. 25). Manchmal ist der Kopf dem Gegenüber weit entgegengestreckt, und das Kinn ragt willensstark hervor (Abb. 29). Der seelisch-geistige Sturmwind, der den Betrachter ergreifen will, läßt die Gewänder sich bauschen. Diese Lehrer der Menschheit setzen ihre Worte nicht wahllos, sondern nach geistigen Gesetzen. So bauschen und kräuseln und buchten und fälteln sich die Stoffe nach rhythmischen Gesetzmäßigkeiten.

Die Paare treten wie aus zwölf Häusern, deren Eingänge von Säulen flankiert sind. Drei dieser Häuser sind jeweils mit begrenzenden Pfeilern zu einer Einheit zusammengefaßt. Wir erkennen sie als die Häuser des Tierkreises und bemerken, daß bei fast jedem Paar ein Körperteil besonders hervorgehoben ist. Vielleicht ist von der Werkstatt die Idee des Meisters nicht ganz ergriffen worden, denn gelegentlich werden auch zwei Körperteile betont oder fehlt die Betonung bei einer der beiden Gestalten. Die Hervorhebung bedient sich verschiedener Mittel: Entblößen, Hervorstrecken, fast identischer Faltenwurf, Parallelstellung oder spiegelbildliche Entsprechung der beiden Gestalten. Bei aller Variabilität ist das künstlerische Mittel so gewählt, daß der Blick auf einen Teil des Ganzen gelenkt wird. Notiert man der Reihe nach bei jedem Paar das Auffällige (auf den

115

Abb. 23   Propheten von den Chorschranken
des Ostchors im Bamberger Dom, 1220–1235

Abb. 24 Propheten von den Chorschranken
des Ostchors im Bamberger Dom, 1220–1235

118

Abb. 25 Propheten von den Chorschranken des
Ostchors im Bamberger Dom, 1220–1235 ◁

Abb. 26 Apostel von den Chorschranken des
Ostchors im Bamberger Dom, 1220–1235

120

Abb. 27   Apostel von den Chorschranken des
Ostchors im Bamberger Dom, 1220–1235   ◁

Abb. 28   Apostel von den Chorschranken des
Ostchors im Bamberger Dom, 1220–1235

122

Abb. 29 Apostel von den Chorschranken des
Ostchors im Bamberger Dom, 1220–1235 ◁

Abb. 23 bis 29 weniger deutlich als vor den Originalen), auf der Nordseite beim Eingang
beginnend, so erhält man folgende Aufzählung: Haupt – Brust – Hüfte – Unterschenkel
– Gesäß – Magen – Oberarm – Oberschenkel (Abb. 27) – Knie – Unterarm – Füße – Hals.
Vergleicht man damit Rudolf Steiners zwölf Tierkreisstellungen und die entsprechenden
Haltungen für jedes Sternbild, wie man sie im wesentlichen auch in mittelalterlichen
Handschriften finden kann, so müßten die Begriffe lauten: Schädeldecke – Brust – Hüfte
– Unterschenkel – Geschlechtsteil – Magen – Herz – Oberschenkel – Knie – Arme – Füße
– Kehlkopf. Ungeachtet geringer Abweichungen, tritt das Gewollte bei den Plastiken
deutlich zutage. Weshalb aber ist die Reihenfolge nicht dem Jahreslauf entsprechend?
Auch hierzu gibt es eine Antwort.

Die ersten sechs Paare zeigen Propheten, die folgenden die Apostel. Die Abfolge beginnt mit dem Monat, in den am häufigsten das Passahfest fällt. Dann folgen ein Som-
mer-, Herbst- und Wintermonat und abermals ein Herbst- und Sommermonat. In zwei
dieser mehrmals auftretenden Zeiten fallen wichtige jüdische Feste, nämlich im September und Oktober das Neujahrs- und das Laubhüttenfest. Umschreitet man den Chor, so
gelangt man zu den Aposteln. Es geht – der Gegenseite entsprechend – weiter mit Som-
mer, Herbst, Winter, Frühling. Nun aber folgen nochmals ein Winter- und ein Frühlingsmonat. Der erste Winter- und der letzte Frühlingsmonat sind Zeiten wichtiger
christlicher Feste, des Weihnachtsfestes und in der Regel des Himmelfahrtstages.

Wenig später werden die zwölf Apostel und zwölf Propheten nochmals als steinerne
Bildwerke gestaltet: am Fürstenportal, wo am Gewände die Apostel auf den Schultern
der Propheten stehen. Die Zusammengehörigkeit des Alten und des Neuen Bundes wird
in diesem Gotteshaus an den Chorschranken als eine Einheit kosmischer Offenbarungen
bewußt. Am Fürstenportal ist die Verbindung von Propheten und Aposteln eine des
Blutstromes, denn beide entstammen dem Volk Israel. So wie von Jakob die Stufenfolge
der Generationen zu Jesus von Nazareth aufsteigt, so steigt die Berufung von den Propheten zu den Aposteln auf. Zur Zwölfheit der Apostel und Propheten gehört am Fürstenportal Christus als der dreizehnte im Tympanon, wo er als Weltenrichter, als Herr
des Karmas, zwischen Erlösten und Verdammten, Engeln und Teufeln über den geöffne-

Abb. 30   Der Reiter im Ostchor des
Bamberger Domes, 1220–1235   ▷

ten Gräbern thront. Die Chorschranken führen nicht dergestalt auf den dreizehnten hin, öffnen sie sich doch auf den Altar als den Ort der Wandlung und Kommunion.

An den Pfeilern des Georgenchors stehen Gestalten, die teils vielleicht für den Außenbau geplant waren. Wir wissen nicht, wer der überragende Meister ist, dem wir die kraftvollsten, willensstärksten Skulpturen mittelalterlicher Bildhauerkunst überhaupt zu verdanken haben, deren Ich die Hülle des physischen Leibes ganz zu durchdringen scheint: Maria mit dem Verkündigungsengel, die hoheitsvolle Frau, die bald als Elisabeth, bald als Sibylle bezeichnet wird, und der Reiter. Seit ihn Kunstliebhaber der neueren Zeit wiederentdeckt haben, gilt er zu Recht als heilige Symbolgestalt der Deutschen, der sie zu Taten ruft, für die sie sich schicksalsgemäß entschieden haben. Wer ist er? haben Wissenschaftler, Künstler, Literaten und Kenner geistiger Zusammenhänge wieder und wieder gefragt. Man gab ihm die Namen verschiedener historischer Könige, man hielt ihn für den heiligen Georg, dem der Ostchor geweiht ist; Lothar Schreyer nennt ihn den Friedensfürsten. Hauttmann schreibt, daß der Meister dieser Figuren in der Weltweite der Charakterauffassung romanischer als die französischen ist. » Das heroische Ideal des 13. Jahrhunderts (zu vgl. Wolfram v. Eschenbachs Dichtungen) besitzt hier seinen vollsten Ausdruck auf deutschem Boden.«[72] Und Hermann Beenken erkennt: » Hier wirken geistige Energien weit über den Bereich der Physis hinaus.« Die nordische » Formphantasie, mit der deutsches Wesen in seinen letzten Tiefen verknüpft ist, und der christliche Dualismus von Geist und Materie, das sind die Wurzeln mittelalterlicher Kunst überhaupt... Aus diesen Kräften heraus hat sich deutsche Menschlichkeit hier nun zum ersten Male Bilder eines sittlichen Ideals geschaffen, in den Statuen der Elisabeth und des Reiters und gleichzeitig in Straßburg in dem Gestaltenpaar Ekklesia und Synagoge. ... Und schließlich ist dieses Ethos... mit Kräften gerade der deutschen Seele aufs tiefste verbunden.«[73]

Es ist erst 100 Jahre her, seitdem das Pferd als uralter Gefährte des Menschen von der Technik verdrängt wurde. Seit es Kunst gibt, wird es dargestellt; seit es mythologische Überlieferung gibt, hat es in ihr seinen Platz. Die Liebhaber von Symbolen können es als den menschlichen Verstand deuten, der rasch voraneilt und mit dessen Hilfe Troja er-

125

126

Abb. 31   Der Reiter im Ostchor des
Bamberger Domes, 1220–1235   ◁

obert wurde. Als Tierisches im Menschen erscheint es im Kentaur. Doch treffen diese
Deutungen, obschon auf den Bamberger Reiter angewandt, nicht sein Urbild. Es handelt
sich nicht um einen König und ein von ihm gesondertes Pferd, sondern um einen Reiter
mit Krone und ohne Waffen (Abb. 30). Also kann wohl auch kaum ein Georg gemeint
sein. Gemächlich trabt das Pferd. Locker hält der Reiter die Zügel in der Linken, die
Rechte greift die Mantelschnur. Edel und mannhaft ist die Gestalt, dabei ohne alle Ver-
härtungen der Muskelpakete. Entspannt sitzt sie im Sattel, das Haupt nach rechts gewendet; alle Energien sind in ihm konzentriert. Es ist ein kraftvolles, doch in keiner
Weise verhärtetes Antlitz (Abb. 31), wohlgeformt und sprechend, aber so rein, daß es
schwerlich für das Porträt eines Menschen, eines Königs etwa, gehalten werden kann.
Wohl erinnert es an die Beschreibungen Friedrichs II., seine strahlenden Augen, seine
schönen Züge und blonden Locken. Die Haartracht taucht früher schon in der französischen Plastik auf. Das Kinn des Reiters ist willensstark und doch hingebungsvoll, ernst
der Mund mit den leicht geöffneten Lippen, die gerade anheben wollen zu sprechen. Die
Nasenfalten führen abwärts, die riesigen Augen schauen gespannt in eine unbekannte
Ferne. Die Stirne ist so durchgestaltet, daß der Kundige leicht die Spuren intensiven
Meditierens erkennen wird. Es ist nicht die Stirne eines Grüblers, sondern eines Geistesschülers. Über seinem Haupt ragen über achteckigem Grundriß Zinnen und Türme ei-
ner Burg auf. Das Pferd, das die Ohren spitzt und den linken hinteren Huf hebt, läuft
über reichen Pflanzenwuchs. Er verbirgt ein Wesen, das in den Tiefen lauert: Zwölf
Blätter formen ein Gesicht, dessen Mund weich ist und dessen Augen intensiv auf den
Reiter blicken. Dieses Wesen steigt aus den Doppelgängerkräften der Erde auf, die östlich des Rheins, so in Bamberg, einen mehr luziferischen Charakter haben. Die zwölf
Blätter seines Gesichts sind ein Gegenbild zur zwölfblättrigen Lotusblume des Herzens,
des Geistorgans, in dem Christus im Menscheninnern leben soll.

Wir können in der ganzen Komposition auch ein Abbild der irdischen Reiche erblik-
ken. Am Pfeiler der physischen Welt erhebt sich die ätherische des Pflanzenwuchses,
über die das Tier mit seinem Astralleib schreitet, dieses trägt den Menschen als Ichwe-
sen. Die Reiche des Untersinnlichen wirken in diese Sphären, wie es das unheilbrin-

Abb. 32   Elisabeth oder Sibylle vom Ostchor des
Bamberger Domes, 1220–1235   ▷

gende Wesen unter der Erdoberfläche zeigt. Die Zinnen des himmlischen Jerusalems, der Gralsburg oder des Götterwohnsitzes ragen in Sichtweite des Reiters über seinem Haupt auf, um ihm Schutz und Hilfe aus höheren Welten bewußt zu machen.

Alles im Kirchenbau des Mittelalters, insoweit es neue Impulse brachte und nicht in der Nachahmung des Vorhandenen Genüge fand, war dem Menschen Botschaft, der das Gotteshaus aufsuchte. Worin liegt die Botschaft des Reiters? Die Konsole mit dem luziferischen Wesen läßt darauf schließen, daß er von Anfang an hier seine Aufstellung finden sollte. Über dem Herzen trägt er auf dem Mantel ein kreuzförmiges Schmuckstück. Er reitet von Norden nach Süden und blickt in Richtung des Sonnenuntergangs. Aus dem Westen kamen die spirituellen Impulse der Gralsritterschaft und des Tempelritterordens. Von Norden nach Süden zogen letztere, um das Grab des Erlösers zu befreien. Da der Reiter keine Waffen trägt, muß ihn die Krone als Angehörigen des ritterlichen Standes ausweisen. Er will zu sprechen anheben. Sein Antlitz wendet er der Gemeinde zu. Haltung und Züge dieses Menschen künden von hohen Tugenden, die er sich auf den Wegen seiner Bruderschaft erworben hat. Er ist Repräsentant des höchsten Menschentums, zu dem ein durchchristeter Ritter damals gelangen konnte; zeitloser Bote eines hehren Menschheitsideals, das zu seiner Verwirklichung keiner äußeren Waffen bedarf, sondern die Wesen der Tiefe mit geistigen Kräften überwindet. Sein Alter entspricht dem Ideal, dem Bild edler Menschen ein Alter von 33 Jahren zu geben, darin die Nachfolge Christi andeutend. Sehen wir in ihm das geistige Urbild eines Tempelritters, die zur Zeit der Entstehung der Plastik in Bamberg wirkten? Erahnen wir im Bild des Reiters das Urbild, so zeigt es uns den fortlaufenden Strom spiritueller Geistigkeit bis in unsere Tage.

In den Berichten der Römer über das Ende des Feldherrn Drusus lesen wir, wie er versuchte, 9 v. Chr. Germanien zu erobern. Da »trat ihm ein Germanenweib entgegen von übermenschlicher Größe und rief ihm zu: ›... Kehre um! Denn das Ende deiner Taten und deines Lebens ist gekommen.‹«[74] Auch die Seherin Weleda, die den Germanen den Sieg über die Römer 69 n. Chr. für das kommende Jahr vorverkündete, war hochgewachsen. Ob die Gestalt in Bamberg eine Elisabeth der Heimsuchung ist, die zu

129

einer verlorengegangenen Maria gehört – denn die vorhandene ist nach Ausdruck und Haltung dem Verkündigungsengel zuzuordnen –, sei dahingestellt. Entfernte Anklänge an die wenige Jahre ältere Elisabeth von Reims haben diese Benennung mit veranlaßt. Die andere Bezeichnung als Sibylle zeigt, daß sie als Abbild eines Urbildes ebensowenig unter die gängigen Figuren einzuordnen ist wie der Reiter. Hoch aufgerichtet steht sie gestreckt auf dem linken Standbein (Abb. 32). Gewaltige Stoffmassen des Mantels fallen kaskadenartig über die linke Hand herab, während die schlanke, edle Rechte Stoff in Gürtelhöhe rafft. Die Stirn ist – wie in Reims – von einer Binde umschlungen, unter der Locken hervorquellen. Ein knappes Tuch umhüllt das Haupt. Sie wendet den Kopf nach links und blickt wach und ins Unendliche greifend nach oben. Wie beim Reiter ist die Halspartie äußerst sorgfältig gearbeitet. Die kräftigen, willensbetonten Kinn- und Wangenpartien fallen besonders auf. Ein Wunderwerk ist der Mund. Die Lippen sind ganz schmal, aber nicht bitter, die Mundwinkel leicht angehoben, doch ohne zu lächeln. Augen und Stirn sind glatt, nur die Nasenfalte ist scharf, ebenso kleine Fältchen auf den Wangen. Man gewinnt den Eindruck von einer verhältnismäßig jungen Frau, die Not gelitten hat, etwa wie sie die heilige Elisabeth aus freien Stücken auf sich nahm. Kurz vor Entstehung der Figur weilte sie in Bamberg. Entschlußkraft und Unbeirrbarkeit stellt diese Gestalt dar, ferner Weisheit und ein vollkommen ausgeglichenes Wesen. Einen Weg der Entsagung hat dieses Wesen gewählt, dem der schauende Blick gegeben war, das Erbe der germanischen Völker. Dieses Erbe auszurotten, war Ziel der Ketzerverfolgungen, die zu jener Zeit mit den Albigenserkriegen tobten. Was die Sibyllen und auch Weleda auszeichnete, wurde nun verteufelt. Nicht der kämpfende Weg des Ritters, der den an seinen Wegen lauernden Dämonen standhält, nur der Weg der Selbstüberwindung und Läuterung allen Eigenwollens konnte im Mittelalter der Schulungsweg einer Frau sein. Ein Urbild für das auf diesem Weg zu Erringende scheint die Frau von übermenschlicher Größe am Georgenchor von Bamberg zu sein.

Der Naumburger Dom und die kosmische Zwölfheit seiner Stifterfiguren

Es war dem mittelalterlichen Menschen empfindend zutiefst gegenwärtig, wie die Kräfte des Tierkreises aus dem Kosmos in alles Geschehen auf der Erde einwirken. Die Natur in ihrem Wachsen, Reifen und Vergehen ist davon Teil, der Mensch muß sich tätig in diesen kosmischen Zusammenhang hineinleben. Unzählige Tierkreisdarstellungen sind uns erhalten geblieben, begleitet von den sogenannten Monatsbildern menschlicher Arbeit. – Wir kennen andere Zwölfheiten, die ebenfalls den Kosmos des Tierkreises widerspiegeln, die zwölf Apostel und die zwölf von Rudolf Steiner dargestellten Weltanschauungen seien genannt. Tierkreisdarstellungen und Monatsbilder sind häufiger am Kirchenäußeren als im Inneren anzutreffen, während man die Apostel sowohl außen als auch innen in unmittelbarer Nähe Christi oder des Allerheiligsten erblicken kann.

Eine in jeder Hinsicht ungewöhnliche Zwölfheit umschließt der Westchor des doppelchörigen Domes in Naumburg. Ungewöhnlich ist das Thema: zwölf Männer und Frauen des Adels, die alles andere als heilig waren, unter ihnen sogar Verbrecher. Ungewöhnlich ist auch die Meisterschaft, mit der die lebensgroßen Figuren in Kalkstein gehauen wurden (Abb. 33). Heinrich Bergner nennt den unbekannten Künstler den größten deutschen Bildhauer überhaupt.[75] Wir wissen nichts über den Meister, und nur aus Stil und Spuren seines Wirkens läßt sich schließen, daß er Obersachse war, in Nordfrankreich und Mainz gearbeitet hatte, bevor er ab 1249 etwa drei Jahrzehnte in Naumburg zubrachte und auch für Meißen Statuen entwarf. Mehr wissen wir über seinen bischöflichen Auftraggeber und über die Schicksale der sogenannten zwölf Stifter, die zu den Gründern und Gönnern des Domes gehörten oder zu diesen in verwandtschaftlicher Beziehung standen.

Im Norden, dem Eingang am nächsten, steht Dietrich I., von 1111 bis 1123 Markgraf von Thüringen, der von einem wendischen Mönch vor dem Altar in Bosen, seiner Stiftung, erstochen wurde. Viele Klöster verdanken ihm die Gründung. Ihm gegenüber sehen wir Gerburg, seine Gemahlin. Auf sie folgt, als Torso auf der Südseite, Konrad,

131

Abb. 33   Gerburg, Konrad (Kopf ergänzt), Hermann und Regelindis
vom Westchor des Naumburger Domes, nach 1249

Bruder des Grafen Thimo von Kistritz, im Norden Gepa (oder Adelheid), Witwe des Grafen Wilhelm von Camburg. Sie wurde in der Krypta des Domes von einem Dämon befreit, der in sie gefahren war. Im Zentrum beider Seiten gewahren wir die bekanntesten Paare und eigentlichen Stifter des Domhügels, Markgraf Ekkehard II. von Meißen mit seiner Gemahlin Uta aus dem Hause Ballenstedt im Norden, Markgraf Hermann von Meißen mit seiner polnischen Gemahlin Regelindis im Süden. Beider Ehen waren kinderlos. Hermann regierte von 1009 bis 1032 und starb 1038, sein Bruder Ekkehard war sein Nachfolger und lebte bis 1046. Als Söhne eines ruhmreichen, tapferen Vaters, der einst die Engelsburg gestürmt und den Papst gefangen genommen hatte, der nach Ottos III. Tod sogar einer der Kandidaten für die Kaiserwürde war, verspürten sie wenig Tatendurst. Doch zeichneten sie sich durch große Frömmigkeit aus und stifteten 1030 die Naumburg dem Bistum Zeitz. Kaiser Konrad II. veranlaßte aus Sicherheitsgründen die Verlegung des Bistums nach Naumburg. Eine eigenartige Geschichte war diesem Peter und Paulus geweihten Dom beschieden: Kaum zehn Jahre nach Vollendung des herrlichen Stifterchors wurde im Jahr 1285 wiederum Zeitz Bischofssitz. Waren die Figuren so vor bischöflicher Neuerungssucht geschützt?

Die seltsamsten Figuren folgen den Stifterpaaren: Graf Dietmar im Süden und Graf Thimo von Kistritz im Norden. Sie taten Böses und stehen doch gleichberechtigt und mit gleichem Einfühlungsvermögen gestaltet neben den anderen. Dietmar, Oheim Hermanns und Ekkehards, war 1048 vor Kaiser Konrad II. als Hochverräter angeklagt worden. Das Gottesurteil fiel gegen ihn aus, er mußte sein Leben lassen. Thimo rächte sich für eine Ohrfeige durch unritterlichen Mord während eines Turniers. – Im Westen des Chors stehen Graf Syzzo zur Linken und Graf Wilhelm von Camburg zur Rechten.

Diese »Stifter« haben in Haltung und Gestus nichts mit all den gemalten oder in Stein oder Holz gehauenen Stifterfiguren gemein, die uns sonst bekannt sind. Sie bringen nichts dar, empfinden keine Devotion, stehen in keiner Beziehung zur hierarchisch geordneten, von der Kirche verwalteten Welt. Auch wenn die Frauen Grafenkronen und die Männer Schwert und Schild tragen, so repräsentieren sie doch in keiner Weise die ständische mittelalterliche Ordnung. Hier stehen Persönlichkeiten, die eine spätere Zeit

133

vorwegzunehmen scheinen. Jede Figur ist nach Haltung, Mimik, Gestik, Blick und Wurf des Gewandes eine vollendete Einheit, die ein individuelles Schicksal vor die Seele stellt, kein Typus, sondern ein Ich-Mensch. Mit Ausnahme des Schöpfers des Bamberger Reiters hat es bis in unsere Zeit in Deutschland keinen Bildhauer gegeben, der Bewußtsein und Schicksal ausgeprägter in die Züge menschlicher Gestalten zu legen vermochte. Seeleninnigkeit sehen wir in späteren Jahrhunderten vorbildlich in der Plastik versinnlicht, in Naumburgs Stifterfiguren jedoch ist Geistgegenwart wahrzunehmen.

Sind sie, die im frühgotischen Chor eines romanischen Domes stehen, der Romanik oder der Gotik zuzurechnen? Ist der geistige Urheber des Westlettners und der Stifterfiguren ein einziger Künstler, dem zwar eine Anzahl von helfenden Händen zur Verfügung stand, dem aber die einerseits stil- und wesensverwandten, andererseits qualitativ uneinheitlichen Werke allein zu verdanken sind? Hauttmann warnt davor, die Beteiligung mehrerer Meister anzunehmen, da Genialität selten mehr als einem geschenkt sei und wir die Spannbreite mittelalterlicher Künstler nicht kennen.[76]

Es gibt wohl keine mittelalterlichen Plastiken, die es verdienen, mit mehr Intensität betrachtet zu werden als die Naumburger. Manchmal begegnen wir einem Menschen, dessen Züge unser Interesse finden. Wir können wenig über ihn sagen, es mag sein kräftiges Kinn oder sein wohlgeformter Mund auffallen. Wir studieren jede Einzelheit seines Gesichts, seiner Gestalt, prägen uns eine charakteristische Bewegung ein. Plötzlich blitzt etwas von seinem Charakter auf, von seinem Wesen, und schließlich von seinem Ich, und am Ende haben wir das Gefühl, einen neuen Bekannten gewonnen zu haben, ohne daß wir auch nur ein Wort mit ihm gewechselt hätten. Die Begegnung hat eine bleibende Spur in uns hinterlassen. So können wir elf neue Bekannte gewinnen, die voller Lebensfülle vor uns stehen (dem zwölften Stifter fehlt der Kopf), wie sie mittelalterlichen Bildwerken nur in besonderen Glücksfällen eigen ist. Dies ist einer der Wege, Kunstwerke zu erleben, die nicht auf Nachahmung des Vorhandenen beruhen, sei es einer Vorlage, eines vorzüglichen Werkes, sei es der Natur, sondern auf geistiger Schau. Was in uns als eine Begegnung mit dem Wesenhaften aufblitzt, ist eine Ahnung des Urbildes, das der Meister im Stoff versinnlicht.

134

Wer Persönlichkeiten schätzt, die nicht nur gleichgültig in den Tag hinein leben, sondern die ihr frei gewähltes Schicksal bis zur letzten Konsequenz durchleben, sei es gut, sei es böse, der kann ihnen in Naumburg begegnen. Wie es im Tierkreis Sternbilder gibt, die mit guten oder bösen Gaben auf den Menschen wirken, so gibt es strahlende und dunkle, starke und weiche, kühne und feige, gottsuchende und gottverlassene Gestalten im Stifterchor. Wie der Tierkreis ein Weg ist, so führen sie uns durch Geste und Blick Schritt für Schritt um den Altar in ihrem Zentrum und schließlich hinaus in die Welt.

Der Westchor ist nur über zwei niedrige Pforten im Lettner zugänglich. Dieser wird in der Mitte durch die Gestalt des Gekreuzigten unterteilt, der fast schwebend am Kreuz hängt, ein Eindruck, den die große geschwungene Linie erzeugt, die Haupt, Rumpf, Beine und Füße bilden. Aber die Christusgestalt mit Maria und Johannes zu Seiten ist dem Menschen nicht entrückt, nicht in Höhen enthoben, sondern jeder, der die Pforten zwischen Christus und Maria oder Christus und Johannes durchschreitet, reicht mit seinem Haupt ungefähr in die Herzregion des Gekreuzigten und muß unter seinen Armen hindurchgehen, da die Querbalken des Kreuzes auf dem Türsturz der Pforten befestigt sind und fast seine volle Breite einnehmen.

Folgt man den Gesten und Blicken der Gestalten, so gibt es nur einen möglichen Zugang: die linke Pforte, auf die Marias linke Hand deutet. Daß es der richtige Weg war, bestätigt uns Gerburg (Abb. 34), denn nach drei Schritten beziehungsweise sechs steinernen Fußbodenplatten schaut sie uns ernst und prüfend an. Ihre Gestalt, die sich von jeder Seite in den Konturen enthüllt, ist die edelste. Sie ist im Begriff, sie mit dem schweren Mantel zu verhüllen, den ihre schön geformte Rechte ergreift. Die im Mantel verborgene Linke faßt ein Buch. Zwei Sechssterne auf kreisrunden Scheiben halten als Schmuckstücke das Mantelband. Eine große quadratische Brosche mit Edelstein und vier neunblättrigen Blüten samt Edelstein zu Seiten des Quadrats schmückt die Brust. Alle vier geometrischen Grundformen der Romanik tauchen in den Schmuckstücken auf: Kreis, Dreieck (in den Sechssternen), Halbkreis (in den Blütenblättern) und Viereck, außerdem die Zahlen Drei, Fünf, Neun, Zwölf; aber auch Alter und Neuer Bund, in der kreuzförmigen Stellung der Steine und im Davidsstern. Seelische Schmerzen sind

135

Abb. 34 Gerburg vom
Westchor des Naumburger
Domes, nach 1249

Abb. 35 Hermann und
Regelindis vom Westchor des
Naumburger Domes, nach 1249

136

137

Gerburg nicht fremd, zu erkennen an Augen und Augenbrauen, an Mund und Nasenflügeln. Doch scheint sie durch diese gewachsen, so frei und locker ist ihre Haltung. Sie hat sogar die Kraft, sich dem anderen intensiv zuzuwenden, wie es der Eintretende an einer bestimmten Stelle des Raumes deutlich bemerken kann. Wir folgen ihrem Gestus und kommen nach drei Schritten zu dem Torso einer kräftigen Erscheinung.

Nach weiteren sechs Schritten und drei Stufen stehen wir dem Ehepaar Hermann und Regelindis gegenüber (Abb. 35). Er, der als Witwer Domkanoniker wurde, schaut ernst und sehnsuchtsvoll auf seine schöne junge Frau, die bereits nach drei Jahren Ehe mit 18 Jahren starb. Er wirkt erdenschwer. Fein sind seine Hände geformt. Lässig liegt seine Linke auf Schild und Schwert, die Rechte greift müde in den dicken Mantel. Auf breitem Hals sitzt das lang gelockte Haupt, das er gegen die Gattin neigt. Ermattung spielt um seine Lippen. Das Leben hat ihm keine Erfolge gebracht. Regelindis ist dagegen das lebenslustige junge Mädchen, vom dem der Meister aus der Überlieferung hörte. Eine kapriziöse Erscheinung, biegt sie graziös das Knie, ein liebreizendes Lächeln ziert Wangen und Mund. Sie freut sich über die Menschen, die in den Chor strömen. In die Kunstgeschichte ist sie als die erste Gestalt der mittelalterlichen Bildhauerei eingegangen, die ein naturwahres Lächeln zeigt. Anders als das gefrorene Lächeln in unserem öffentlichen Leben lächeln auch ihre Augen. Dadurch sind sie zwar etwas zusammengekniffen, aber lebensvoll. Die rechte Hand hält das Mantelband, die linke greift die Stoffmassen in Gürtelhöhe dergestalt, daß sie wunderbare Falten werfen. Dreieckig ist der Brustschmuck, Achtsterne auf Kreis halten das Mantelband.

Die Kopfbewegung Hermanns führt und das Lächeln Regelindis' bestärkt auf dem weiteren Weg: Eine Stufe und fünf Schritte, und wir stehen in der Mitte zwischen Dietmar und Syzzo, die über Distanz miteinander Zwiesprache halten. Waren bei den vorangegangenen Gestalten Stand- und Spielbein deutlich herausgearbeitet, so steht Dietmar fest auf beiden Beinen, den Schild bis zum Mund erhoben, mit der Rechten das Schwert ziehend (Abb. 36). Er hebt zur Tat an, verbirgt dabei das untere Drittel seines Gesichts. Muß die Tat das Licht des Tages scheuen? Fragend schaut er zu Syzzo (Abb. 37). Der Graf, eine wunderbar sprechende Erscheinung mit erhobenem Richtschwert, scheint ihm zuzurufen: Halt ein! Seine Lippen sind geöffnet. Mit großen, bestürzten Augen und tadelnd zusammengezogenen Brauen will er Unheil verhindern, ehe es zu spät ist. Sein Geist hat rasch die Folgen von Dietmars Verrat vorausgesehen, die hohe, durchgearbeitete Stirn kündet davon. Er steht ebenfalls breit auf beiden Beinen. Gewaltig ist seine Brust.

Folgt man Syzzos Ruf, so gewahrt man, daß ihn die nächste Figur, Wilhelm, interessiert anschaut (Abb. 38). Aber er will sich nicht einmischen, seine verhüllte Rechte schließt den Mantel eng um die schlanke Gestalt, während die Linke bequem auf Schild und Schwert liegt. Ein wundervolles Faltenspiel entsteht durch die auf die linke Schulter gezogene rechte Mantelhälfte, die anmutige Haltung des schönen Jünglings mit den weichen, liebreizenden Zügen und den vollen Lippen unterstreichend.

Wir treten drei Schritte nach rechts und stehen hinter dem Altar in der Mittelachse des Raumes. Wendet sich unser Blick aufmerksam nach allen Seiten, so bemerken wir, daß sich auf einen Punkt über unserem Standort zwei Augenpaare richten. Ekkehard und Uta schauen auf die Hostie, die der hinter dem Altar stehende Priester emporhebt. Ihre Blicke ziehen an.

Bevor neun Schritte zu ihnen führen, passiert man eine gänzlich isolierte Figur (Abb. 39). Niemand schaut den Grafen an oder wendet sich ihm zu, und auch er kehrt sich keiner anderen Figur, nicht dem Betrachter und nicht dem kultischen Geschehen zu. Der Blick läßt auf die Beschäftigung mit dem eigenen Innenleben schließen. Dieses jedoch offenbart seine Bosheit im unschönen Äußeren Thimos, in der Düsternis der Stirn, den bestialisch aufgeblasenen Wangen, dem kurzen Hals, den groben Händen mit den gespreizten Fingern. Sogar Haare und Gewand sind häßlich, so etwa der Halsabschluß und die Faltenführung. Einsamkeit und Häßlichkeit sind die Kennzeichen des heimtückischen Mörders.

Bei Ekkehard und Uta, dem eigentlichen Stifterpaar, das nun folgt, überrascht die ungeheure Intensität des wachen, nach außen gerichteten Blicks. Aufrecht und voll innerer Würde steht Ekkehard (Abb. 40) da, auch er kein tüchtiger Kriegsmann, das Doppelkinn zeugt von Wohlleben, aber doch zu Taten geneigter als sein Bruder, wie die langen

Abb. 36   Dietmar vom
Westchor des Naumburger
Domes, nach 1249

Abb. 37   Syzzo vom Westchor
des Naumburger Domes,
nach 1249

140

141

Abb. 38 Wilhelm von
Camburg vom Westchor des
Naumburger Domes, nach 1249

Abb. 39 Thimo von Kistriz
vom Westchor des Naumburger
Domes, nach 1249

143

144

Abb. 40   Ekkehard vom Westchor des
Naumburger Domes, nach 1249   ◁◁

Abb. 41   Uta vom Westchor des
Naumburger Domes, nach 1249   ◁

kräftigen Hände andeuten. Fest hält er das Schwert mit der Linken umschlossen, während die Rechte etwas aus dem Gewand hervorzuholen scheint, die Stiftungsurkunde vielleicht? Dem jüngeren der beiden Markgrafen ist die Stirn von Sorgen zerfurcht, und die Augen sind von Falten schlafloser Nächte umgeben. Doch wie klar blicken sie in die Ferne, wie willensstark ist das Kinn, wie zum Sprechen bereit der Mund mit der vollen Unterlippe! Wie Ekkehard Aktivität ausstrahlt, Ausgangspunkt für die kulturgeschichtliche Tat des Naumburger Dombaus, so übt seine Gattin Uta Zurückhaltung (Abb. 41): den Mantel bis zu Kinn und Wange hochgeschlagen, die Rechte darunter verborgen, mit der feingliedrigen Linken die Stoffmassen an sich pressend, Wehmut um die Lippen. Im Kloster erzogen, hat sie jung geheiratet und dann Kinderlosigkeit ertragen. Doch verbindet sie sich der Tat des Gatten, wie die gemeinsame Blickrichtung erkennen läßt. Beide sind durch die Stiftung dem christlichen Impuls am meisten zugewandt, daher schauen sie auf das Geschehen der Wandlung. Fällt schon an Ekkehard ein kostbarer Gürtel auf, so ist Utas Schmuck der reichste: ein Ring am linken Zeigefinger, eine sechsblättrige Blüte als Mantelspange und ein schön verzierter Sechsstern auf der Brust, während ihr Gatte eine kreuzförmige Brosche trägt – auch hier wieder Alter und Neuer Bund im Symbol vereint. Zwischen den Gatten, etwas oberhalb ihrer Häupter, nehmen Blätter die Form eines gespenstigen Antlitzes an.

Gepa, die Witwe des schönen Jünglings, oder Adelheid, eine Äbtissin, wirkt traurig (Abb. 42). Sie hält ein Buch in Händen, doch liest sie im Moment nicht, denn wir begegnen ihrem Blick, wenn wir unmittelbar vor den Altar treten. So ist auch sie der kultischen Handlung zugewandt. Sie trägt, im Unterschied zu den drei anderen Frauen, keine Grafenkrone, vielmehr umgibt die Fülle des Schleiers ihr Haupt. Ist es der Schleier der Witwe oder der der Ordensfrau? Gepa trägt einen dreieckigen Brustschmuck. Sie und der Torso gegenüber sind die einzigen frei stehenden Skulpturen, alle anderen sind in die Architektur eingebunden. Bemerkt sei, daß bei allen Gestalten die rechte Hand im Augenblick der Aktivität gezeigt wird, nur bei dreien ist zudem die Linke tätig: bei Ekkehard, Uta und Gepa. Es sind die drei Menschen, deren Augen dem Kultus folgen, deren Herzenskräfte vielleicht stärker sprechen, worauf die tätige linke Hand hindeutet.

145

Abb. 42   Gepa oder Adelheid vom Westchor des Naumburger Domes, nach 1249

146

Abb. 43 Dietrich vom
Westchor des Naumburger
Domes, nach 1249

147

Dietrich, Gerburgs Gatte, wendet sich Gepa zu (Abb. 43). Er will reden, die Lippen sind geöffnet. Die Grüblerfalten an seiner Nasenwurzel sind unübersehbar. Er wirkt ruhig, trotz seines schweren Schicksals. Schwer und fast behindernd fällt der Stoff des abgelegten Mantels über seine rechte Hand, die dem Mörder nicht wehren konnte.

Machen wir dergestalt den Rundgang, so sind uns außer dreien alle Gesichter zugekehrt, da neun Gestalten den Kopf nach rechts neigen oder wenden. Nur Hermann kehrt das Haupt in Richtung seiner Gattin, und die beiden Verbrecher wenden sich ab von uns. Durchschreiten wir nun die andere Pforte, so weisen uns Blick und Bewegung des Johanneshauptes hinaus in die Welt.

Alle Figuren sind farbig gefaßt, über ihnen die Türme und fensterreichen Mauern des himmlischen Jerusalems, neben ihnen Säulenstellungen mit feinstem, der Natur abgelauschtem Blattwerk. So gewahren wir ein Naturreich unter und ein Geistreich über dem Menschen.

Es ist unzweifelhaft, daß die Stifterfiguren nach dem Willen des Meisters oder Auftraggebers, des Bischofs Dietrich von Wettin, mehr darstellen als die bloße Erinnerung an Gönner und ihre Familien. Sie sind nach 1249 entstanden, 1269 bekommen die Templer vom regierenden Grafen das Patronatsrecht in Wettin verliehen. – Die Gestalten repräsentieren vollendete Charaktere, nicht Leben, sondern Bewußtsein ist bis zur Hautoberfläche gedrungen. Nicht Adern und Muskeln sind die Zeichen der Meisterschaft dieses großen Künstlers, sonder Ichhaftigkeit in Ausdruck, Haltung und Bewegung. Welcher deutsche Bildhauer kommt ihm später darin gleich? Hier spricht der deutsche Volksgeist durch die schaffende Hand des bildenden Künstlers, Ideale eines Volkes formend, wie sie dazumal schwerlich zu finden waren. Es sind keine realistischen Typen, die zum Betrachter sprechen, sondern aus der Alltäglichkeit ins Urbildhafte emporgehobene Erscheinungen, die vielleicht entfernte Entsprechungen in der einen oder anderen Gestalt der Stauferzeit fanden. Wenn auch die Kleidung und ihr Material der Zeit und Gegend entsprechen, zum Beispiel die schweren Lodenstoffe, ist es ein Fehlurteil, in den Stiftern eine lebenswahre Darstellung der Menschen der Zeit und der Umgebung des Meisters zu sehen. Hier ist wahrhaftig im Sinn einer goetheanistischen

Kunstauffassung die Natur so umgestaltet, daß sie Erscheinung einer Idee wird.[77] Die Vorbereitung der Bewußtseinsseelenzeit, in der die deutsche Sprache Gefäß der Geisteswissenschaft werden soll, kündigt sich in diesen Individualitäten an, die Ichhaftigkeit und Willenskraft verbildlichen.

Zur Vielfalt eines Volkes gehören alle Ausprägungen der Kräfte des Tierkreises. In Naumburg stehen sie als zwölf Adlige vor uns. Gerburg verkörpert in ihrer Reife etwas von den Kräften der Waage; Hermann, der erdenschwere, etwas Stierhaftes. Die fröhliche Regelindis steht dem Schützen nahe. Zwiespältig wie ein Zwilling wirkt Dietmar, streitbar und löwenhaft der Ruf Syzzos. Das Weiche der Jungfrau erleben wir an Wilhelm. Heimtückisch wie der Skorpion ist Thimo. Ekkehard strömt die Kraft des Widders aus, Uta die Scheu der Fische. Gepas Traurigkeit könnte auf den Wassermann deuten, die Ruhe Dietrichs auf den Krebs. Trotz des fehlenden Kopfes erahnt man Stärke in Konrad, der den Platz des Steinbocks einzunehmen hätte.

Luziferisches haftet Regelindis und Wilhelm an, Ahrimanisches Dietmar und Thimo, so daß auch die Abirrungen des Menschen nach der schwärmerischen Weltflüchtigkeit und der verhärtenden Erdenstofflichkeit im Kreis der Zwölf vertreten sind.

So ist der Stifterchor des Naumburger Domes ein Raum, der zum Nachdenken über das Wesen des Menschen, sein Schicksal, die Einheit in der Vielheit und die Widersprüchlichkeit seiner Existenz auffordert, zu der sowohl das Böse gehört als auch das bewußte Erleben des Mysteriums der Reinigung, Opferung, Wandlung am Altar, wie es die Stifter zeigen. Es bleibt zu vermuten, daß dem Naumburger Meister etwas von jener Inspiration nahegebracht worden war, die gegen das Jahr 1250 einsetzte, zur Zeit also, in der er seinen Auftrag für die Stifterfiguren übernahm.

Die Säulen von Geburt und Tod im Würzburger Dom

Der heutige, dem heiligen Kilian geweihte Dom in Würzburg geht in seiner Grundkonzeption auf Bischof Bruno zurück, den Vetter Kaiser Konrads II. Um 1040 wurde gleichzeitig mit dem Bau einer Doppelturmfront samt Vorhalle im Westen und einer Ostkrypta begonnen. Erst um 1250 wurden auch die beiden Osttürme vollendet. Hier feierte Friedrich Barbarossa seine Hochzeit mit Beatrix von Burgund. Philipp von Schwaben, der spätere deutsche König, war eine Zeitlang Bischof von Würzburg. Irische Glaubensboten, die an diesem Ort das Martyrium erlitten hatten, der heilige Kilian und seine Gefährten, haben ihm zu Ansehen verholfen.

Zwei einzigartige Säulen, die um 1230 entstanden und in der Vorhalle aufgestellt waren, erinnern den Eintretenden an die Säulen, die Hieram vor der Halle des salomonischen Tempels aufrichtete: »Und die er zur rechten Hand setzte, hieß er Jachin, und die er zur linken Hand setzte, hieß er Boas.«[78] Heute stehen beide Säulen zu Seiten der Taufkapelle (Abb. 44), die Vorhalle ist längst abgebrochen. Es sind romanische Knotensäulen. Die linke, die die Inschrift IACHIM trägt (Abb. 45), ist so gestaltet, daß den unteren mit dem oberen Teil der Säule ein mittlerer, schmaler Knotenring verbindet, der achtmal gebogen erscheint und im Kapitell von vier Ringen zusammengehalten wird. Die rechte Säule mit der Inschrift BOOZ zeigt eine deutliche Metamorphose der linken (Abb. 46). Der mittlere Teil ist gestreckt und verkürzt damit den unteren und oberen. Der Bereich des Fühlens hat seinen ihm gemäßen Anteil gegenüber Wollen und Denken erlangt. So erscheint es demjenigen, der in einer Säule die menschliche Gestalt erkennt. Alle Teile sind nun gedrungener, aber auch weniger biegsam – viermal gebogen. Nicht Ringe mehr halten die Form im Kapitell zusammen, vielmehr entfaltet sie sich frei in ein Blattwerk. Knoten und Bindungen haben sich an Zahl verringert.

Diese Säulen haben in der Geschichte des Okkultismus von jeher eine Bedeutung. In Freimaurerkreisen findet sich häufig ein Teppich, auf dem die Vorhalle des salomonischen Tempels mit den beiden Säulen Jachim (oder Jakim) und Boas zu sehen ist und in dessen Mitte sich der »flammende Stern« befindet, Sinnbild der Trinität. Die »drei

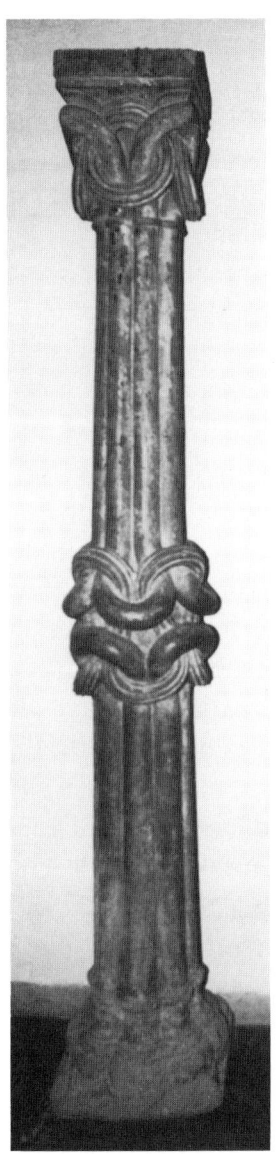

Abb. 44   Säulen IACHIM und BOOZ
im Würzburger Dom, um 1230

Abb. 45   Säule IACHIM
links des Eingangs zur Taufkapelle
im Würzburger Dom, um 1230

Abb. 46   Säule BOOZ
rechts des Eingangs zur Taufkapelle
im Würzburger Dom, um 1230

151

Worte Force, Sagesse und Beauté werden... den beiden Säulen Jachim und Boas und dem flammenden Stern zugeteilt«.[79] Die hier im Zusammenhang mit den Säulen genannten Worte »Weisheit«, »Schönheit« und »Stärke« sind Leitworte der Templer, die von der Freimaurerei übernommen und von einem Freimaurer wie Goethe für unsere Zeit mit neuem Leben erfüllt wurden. Auch Rudolf Steiner hat auf diese beiden Säulen aufmerksam gemacht: »Wir treten in unser Leben ein, indem unser Bewußtsein für die Sinne gewissermaßen aufgeht bei der einen Weltensäule und untergeht bei der anderen Weltensäule. ... Darauf suchten denn nun auch diese okkulten oder symbolischen Gesellschaften immer hinzuweisen, indem sie die Säule der Geburt... Jakim nannten. Sie müssen diese Säule letzten Endes am Himmel suchen. ... Boas – die andere Säule: der Eintritt durch den Tod in die geistige Welt. ... Weder ist Jakim das Leben – denn es ist der Übergang von dem Geistigen zum Leibe –, noch ist Boas das Leben, denn es ist der Übergang vom Leibe zu dem Geist. Das Gleichgewicht ist dasjenige, worauf es ankommt.«[80]

Die beiden Säulen mit dem flammenden Stern in der Mitte verkörpern auch einen trinitarischen Aspekt. Er zeigt sich in den Worten »Weisheit«, »Schönheit«, »Stärke«. Stärke gehört der Welt des Vatergottes an, der die geschaffenen sichtbaren Dinge entstammen. Der Vater führt uns in das Leben hinein. Die Willenssphäre im Menschen als die am festesten mit der Erde verbundene wird ihm zugeordnet. Schönheit erschließt sich dem fühlenden Menschen. Das Fühlen ist mit der Herzregion verwachsen, in der der Sohnesgott gefunden werden kann. Im Erdenleben kann der Weg zu ihm beschritten werden. Doch begegnet er jedem Menschen im Todesaugenblick. Weisheit ist eine Gabe des Geistgottes, der sich den Aposteln im Pfingstereignis offenbarte. Flammen züngelten auf ihren Häuptern. So wird er im Zusammenhang mit dem Denken gesehen. Er weist in eine ferne Zukunft, in der wir als Geistwesen auferstehen werden.

Weisheit und Stärke galten von jeher als die beiden Säulen, auf denen Herrschaft gegründet ist, entweder in einer Person vereint, die Krone und Zepter trägt, oder auf zwei Stände verteilt, Priester und Krieger. Die Templer fügten als drittes die Schönheit hinzu. Sollte durch ihre Vermittlung nicht auch die Kunst Impulse erhalten haben? Sie sahen die Zeit eines neuen Bilderbewußtseins der Zukunft heraufdämmern und wollten ihm Inhalte geben, die dem Reich der Schönheit entstammen. Sie ahnten, daß das Bild, sei es das äußere, sei es das aus Seelenkräften aufsteigende, Macht über Menschen gewinnen wird. Ihre Impulse führen heute ein kümmerliches Dasein am Rand der Gesellschaft. Über sie herrscht heute in der Tat als dritte Macht das Bild, das des Fernsehens, der Videokassetten, der Reklame.

Wir fanden den trinitarischen Aspekt in vielfältiger Weise in die Bauidee des romanischen Domes verwoben. Wir können ihn auch angesichts der in Deutschland so häufigen Ost- oder Westfassaden erleben, die von zwei dünnen, meist runden, manchmal vieleckigen Türmen flankiert sind. Die Dome in Mainz, Worms und Würzburg sind dafür Beispiele. Diese Türme wirken angesichts der Wucht des Bauwerks fast wie Säulen; der Ostteil von Mainz zeigt dies deutlich. Sie ragen auf wie die Säulen der Geburt und des Todes, zwischen die sich der flammende Stern des Chors einfügt, halbkreisförmig, in der Form des Klangäthers, in dem das Wort ertönt. Darüber erhebt sich das Dreieck des Satteldaches als die alles umfassende Gebärde der Trinität. Schwelle sind die schlanken Türme, die zum Himmel deuten und dem Baukörper angefügt erscheinen. Aber die Apsis, in der der Altar mit dem Allerheiligsten steht, oder der Ostteil von Mainz, wo der Kaiser als Stadthalter Christi auf Erden saß, sie weisen auf die Mitte, die der Mensch zwischen Geburt und Tod finden muß. Wenn die beiden schlanken Türme im Westen den Dom flankieren, so mahnen sie beim Eintritt in den Bau: Hier beginnt der Weg. Sie stehen am Eingang und am Ausgang des Schicksalsweges, des irdischen Lebens. Hier ist zu finden, der der Weg, die Wahrheit und das Leben ist. Aus der Welt des Vatergottes wurde der Mensch in die Welt des Sohnes entlassen. Nach seinem Erdenweg wird er von der Welt des Geistgottes empfangen.

Was an den Domfassaden ein dem Bauganzen einverwobenes Geheimnis ist, das tritt in Würzburg an den beiden Knotensäulen IACHIM und BOOZ offen in Erscheinung, und zwar in derselben kurzen Zeitspanne, in der die Wunderwerke deutscher Steinskulptur entstehen.

153

Stufen der Menschheitsentwicklung auf den Türen des Hildesheimer Domes

Es gibt eine gründliche Darstellung über Bernward von Hildesheim (960–1022) und sein Werk aus geisteswissenschaftlicher Sicht,[81] so daß es sich erübrigt, die Stationen seines Lebens, über das relativ viel bekannt ist, nachzuvollziehen, und eine Beschränkung auf wenige Züge genügt. Als Niedersachse in Hildesheim erzogen, wurde er dort mit 33 Jahren Bischof. Als Otto III. im Jahr 980 geboren wurde, lebt er am Kaiserhof. Er wurde bis zum 13. Lebensjahr des Kaisers dessen Erzieher. Vier Jahre später, nachdem Willigis in Ungnade gefallen war, berief Otto III. Bernward als Berater an seinen Hof, wo er mit Unterbrechungen vier Jahre blieb, um dann ganz in sein Bistum zurückzukehren.

Er hat vielerlei Künsten Impulse gegeben, Architektur, Plastik, Goldschmiedekunst, Malerei, und wohl auch selbst Hand an die unter seiner Leitung geschaffenen Werke gelegt. Seine bedeutendste künstlerische Tat liegt sicherlich in der Begründung der Hildesheimer Gießhütte, die zwei herausragende Güsse schuf, die sogenannte Berwardssäule und die Türen des Hildesheimer Domes, wobei strittig ist, ob sie von Anfang an für diesen Bau oder für die Michaelskirche bestimmt waren. Die Inschrift auf den Türen läßt beide Deutungen zu: »Anno Dominice Incarnationis MXV Bernwardus Episcopus Dive Memorie Has Valvas Fusiles In Faciem Angelici Templi Ob Monumentum Sui Fecit Suspendi«, das heißt: Im Jahre der Fleischwerdung des Herrn 1015 ließ Bischof Bernward, seligen Angedenkens, diese gegossenen Türflügel an der Front des Engelstempels zu seinem Gedächtnis aufhängen. 1015 war die Michaelskirche noch nicht vollendet, die Diözese feierte ihr 200jähriges Bestehen, und an der Hauptfront des Domes befand sich eine den Engeln geweihte Kapelle, die mit »Engelstempel« gemeint sein könnte.

Diese Türen zeigen den ersten plastischen Bilderzyklus nördlich der Alpen und sind im Unterschied zu allen folgenden Türen dieser Art in einem Stück gegossen. Jeder Flügel von 4,72 m Höhe und 1,12 m Breite ist in acht Felder unterteilt. Aus der Menschheitsgeschichte von der lemurischen Zeit bis zum Mysterium von Golgatha werden getreu der nordischen Erzählfreude wenige Stationen in epischer Breite dargestellt

Abb. 47 Bernwardstüren im Hildesheimer Dom, 1015

(Abb. 47): die Geschlechtertrennung, die luziferische Verführung, Fortpflanzung und Tod auf der linken Seite,[82] die Verkündigung, wenige Tage aus dem Leben des Jesuskindes und die Tage von der Gefangennahme bis zur Auferstehung Christi auf der rechten Seite. Die Art der Darstellung bezieht den Umkreis mit ein, das Elementarische der Pflanzenwelt, die Bedeutung von Architekturformen. In der Geste lebt das Seelische, in dem, was die Hand hält, ist das Symbol eines Geistigen erkennbar. Der Gesamtaufbau folgt einer Idee, die in der Gegenüberstellung von Szenen des Alten und Neuen Testaments konsequent durchgeführt wird. Alles Überflüssige ist weggelassen. Die Zahl der Gestalten ist auf zwei bis fünf für ein Feld beschränkt. Deutlich sind sie herausgearbeitet, in Teilen bis zur Vollplastik. Was sie umgibt, ist bis auf das kleinste Detail zur Charakterisierung der Szenen nötig.

Der Weg des Abstiegs in die Materie, in das Tote und zugleich der Konfrontation mit dem Bösen verläuft links von oben nach unten. Rechts geht der Weg von der Heilsverkündigung bis zur Heilstat von unten nach oben. Der eine Weg beginnt mit der Erschaffung Evas. Der Logos – denn der Schöpfergott wird durch ein Kreuz im Nimbus in allen Szenen als der Christus gekennzeichnet – legt den noch schlafenden Adam zu Boden, aus dessen Rippe er die hinter einem Baum wartende Eva soeben geschaffen hat. Ein Engel schaut auf das Geschehen. Ist es einer von jenen, die später die Töchter der Menschen begehren, wie Moses erzählt? Hella Krause-Zimmer deutet diese Szene nach der Tempellegende, die aber nach Rudolf Steiner erst durch Christian Rosenkreuz im 15. Jahrhundert begründet wurde.[83] Der Pflanzenwuchs zeichnet sich durch Verschlingungen und starke Bewegung aus. – Auf dem zweiten Relief führt der Herr, ein Buch in seiner Linken, Mann und Weib zusammen. Die Natur entfaltet sich in zwei herrlichen Blütenbäumen. Die Menschen strecken einander freudevoll die Arme entgegen. Es folgt der Sündenfall oder die luziferische Versuchung. Nun sind die Bäume weder von der Formschönheit der ersten, noch von der Pracht der zweiten Szene, sondern bizarr. Einer steht zwischen dem Menschenpaar in der Mitte des Gartens, ohne Früchte, links trägt ein anderer einen bösen Drachen mit scharfen Zähnen und Klauen. Um den Baum zur Rechten windet sich die Schlange. Drei Früchte hängen an ihm, eine vierte befindet sich im

Maul der Schlange. Sie wendet sich Eva zu, die eine Frucht an sich preßt, eine zweite Adam reicht, der ihr den Arm entgegenstreckt, in der anderen Hand aber auch eine Frucht hält. Seltsam die Vielheit an Früchten. Sie erinnert an die sieben Wesensglieder des Menschen, die alle infolge der Erkenntnis von Gut und Böse eine Wandlung erfahren können. Die zweifache Wesenheit des Bösen wird hier als Drache und Schlange erlebt, von denen schon die »Edda« berichtet, die Midgardschlange und der Flugdrachen Nidhögg.[84] Das Christentum kennt sie als Satan und Schlange, die Geisteswissenschaft als Ahriman und Luzifer. Die Stunde des letzteren ist gekommen, der erstere lauert noch auf seine Zeit. – Christus erscheint im vierten Bild, ein Buch in der Rechten, den Zeigefinger der Linken auf Adam gerichtet. Dieser deutet mit der Rechten auf Eva, sie wiederum mit der Linken auf den Drachen, der zwischen ihren Beinen hockt und gegen sie geifert. Mit der anderen Hand bedecken beide mit Blättern ihre Blöße. Es ist nicht Zufall, welche Hand jeweils deutende ist. Bei Eva ist es die mehr gefühls-, bei Adam die mehr verstandesbestimmte. Zudem bilden die Arme in der gewählten Anordnung bei beiden eine Überkreuzung, ein Sich-Verschließen gleichsam. Der Pflanzenwuchs hinter Adam und Eva ist kümmerlich, während hinter Christus ein herrlicher Weinstock hoch emporrankt. – Es kommt zur Vertreibung aus dem Paradies: Hinter dem Engel rankende Vegetation, ein kleines Pflänzchen zwischen ihm und dem ersten Menschenpaar, aber auf der rechten Seite, auf dem Weg zur Erde, nichts als tote Steine, romanische Rundbogen und durch einen schlanken Turm der Einstieg in die Verkörperung. – Die Legende erzählt, daß der Erzengel Michael Adam den Ackerbau lehrte. Das wird nun dargestellt, während Eva ein Kind säugt (Abb. 48). Erstmals sehen wir Gebrauchsgegenstände, eine Hacke in Adams Händen, eine Hängematte hinter Eva ausgespannt. Aller Wuchs ist karg und trägt Dornen. Doch eine Erinnerung an das erste Paradiesesbild fällt auf: ein kleiner herzförmiger Baum, der an das große Herz erinnert, das der schönste Baum in der Szene der Erschaffung Evas bildete. Der Erzengel hält einen Stab mit Kreuz in der Linken, wie ihn später auch Gabriel trägt. Er kommt im Auftrag Christi zu den geplagten Menschen. – Auf der siebten Darstellung, dem Opfer Kains und Abels, ist kein Wesen der Hierarchien mehr anwesend, nur die Hand der Gottheit erscheint inmitten einer

Abb. 48   Ausschnitt aus der
linken Bernwardstür
im Hildesheimer Dom, 1015

Aura, gnadevoll sich gegen Abel öffnend, der ein Lamm trägt; das erste und einzige Tier auf der linken Seite. Die Natur wiederholt die Geste der Gottheit, eine Pflanze vor Abel öffnet sich zum Kelch, während sich eine ähnliche von Kain so weit abwendet, wie es der Stamm nur zuläßt. Andere Pflanzen haben ihre Wurzeln in den himmlischen Gefilden. Kain ist ergrimmt, sein flatternder Mantel läßt es erkennen. Hinter Abel ragt die Welt des Todes in Form eines mächtigen Quaders in die Szene. – In der nächsten sind es zwei solche Quader, vor denen Kain steht, eine Keule in der Linken. Gott ermahnt ihn und macht ihn auf die Sünde aufmerksam, die vor der Tür lauert, so lesen wir bei Moses. Aber Kain verschließt sich dem göttlichen Wort, zu sehen an der Art, wie er den Mantel vorne um sich schlingt. Aus Wolken ragt die Rechte Gottes in der Schwurgeste heraus, kleiner und der Erde ferner als beim Opfergeschehen. Daneben hat er die Tat schon vollbracht, der erschlagene Abel fällt zu Boden, Kain schwingt die Keule mit beiden Händen, sein Mantel flattert wild bewegt. Kein Halm, kein Baum ist auf der öden Erde zu sehen. So endet die vorchristliche Zeit mit dem Brudermord, es »ist der Egoismus geboren«.[85]

Die sechs letzten Bilder des linken Türflügels zeigen die Verstrickung des Menschen in Schuld und Leidenschaft sowie die Folgen seiner Taten für die Beziehung zur göttlichen Welt einerseits und die Erde als lebendigen Organismus andererseits. Die Stationen sind: Sündenfall – Verhör – Strafe – Leid – Zorn – Egoismus – Mord. Vorangingen zwei Stufen in der Vaterhuld der Gottheit, umgeben von reiner, üppiger Natur.

Auf dem rechten Türflügel beginnt unten die christliche Zeit mit der Verkündigung. Der rechte Zeigefinger des Engels deutet auf Maria, die mit der Linken abwehrt, mit der Rechten einen Ölbaumzweig umschließt. Trat der Engel aus dem Turm, vor dem er steht? – Reich ist der Palast, in dem Maria in der zweiten Szene das Kind geboren hat. Kreuzweis gewickelt liegt es erhöht auf einer prunkvollen Lagerstatt, an die sich die Köpfe von Ochs und Esel schmiegen. Zu Füßen Marias sitzt die Hebamme, deren Hand – apokrypher Überlieferung zufolge – abstarb, weil sie an der Jungfräulichkeit Mariens gezweifelt hatte. Der sinnende Joseph folgt dem Geschehen. Das Wort schickt sich an, bei den Menschen Wohnung zu nehmen, und Maria umfaßt mit der Rechten ein Buch. – Auf dem dritten Feld ist das Kind älter, die thronende Mutter hält es auf dem Schoß, es greift

159

mit der Linken ein Buch, während die Heiligen Drei Könige ihre Gaben bringen, geführt von dem Stern, der über der weiten Halle steht. – Auf dem folgenden Bild wird das Kind zum Tempel gebracht, der von einem Kreuz bekrönt ist. Wie beim Schöpfer, so umringt das Haupt des Kindes hier und auf dem Geburtsbild ein Nimbus mit Kreuz. Auch das Haupt des Priesters ist wie dasjenige Mariens und der Engel, des Jüngers und der Frauen am Grab von einem Heiligenschein umgeben; nicht so bei Joseph, der eben eine Taube bringt. Es ist der Moment, in dem die Mutter das Kind überreicht, das den Priester mit der Rechten segnet.

Die untere Hälfte des rechten Türflügels ist dem Beginn des Heilsgeschehens gewidmet, die obere der Karwoche. Das Verhör vor Herodes, die Kreuzigung, die drei Frauen am Grab und die Auferstehung folgen. Dreimal ist eine architektonische Besonderheit auffallend: die Tür in einem schlanken Turm beziehungsweise einer Säule, wie beim Paradiesesausgang. Wird hier nicht an die schlanken runden Türme romanischer Dome erinnert? Einmal könnte durch eine solche Tür der Teufel eingetreten sein, der Herodes inspiriert oder ihm die Furcht einbläst, die ihn befällt. Die rechte Säule des kreuzüberhöhten Grabtempels könnte dem Engel als Einlaß in die Erdenwelt gedient haben, während der Auferstandene, vor dem Maria Magdalena kniet, im Begriff ist, durch die Tür im runden Turm ins Paradies zu treten, in dem zwei Adler sich an den Früchten der Weinstöcke laben. Der Turm ist gleichsam die Verbindung der irdischen mit der geistigen Welt. Christus neigt sich mit geöffneter Rechter Maria Magdalena entgegen. Auf der anderen Seite vollzieht dieselbe Bewegung ein Weinstock mit voller Traube als Frucht des Erdenlebens; ein Pfau als Symbol der Unsterblichkeit schaut auf die Frau herab. Hier sind nach der Öde der acht vorangegangenen Felder zum ersten Mal wieder Pflanzen anzutreffen.

Eine Besonderheit stellt die Komposition der sechsten Szene dar, die Kreuzigung. Triebe brechen aus dem Holzstamm, der die Mitte und die volle Höhe des Feldes einnimmt. Christus steht auf ihm, die Arme locker emporgehoben, die Finger zwischen Ring- und Mittelfinger gespreizt, den Daumen an den mittleren Finger gelegt. Links wird der rechte Winkel unter dem Kreuzbalken durch die Lanze des Longinus geteilt, rechts durch die Stange mit dem Essigschwamm. Heidnischer Glaube und Runenkunde waren damals in Niedersachsen noch nicht ausgestorben. Die Komposition läßt sofort an die doppelte Todesrune an den Externsteinen denken. Der senkrechte Kreuzesbalken bildet mit Speer und Stange das Bild der Todesrune ⋏, Christus mit seinen leicht aufwärts erhobenen Armen dasjenige der Lebensrune ⋎, die zudem Mensch bedeutet; seine Finger bilden die Rune V, »Wonne«. Das Kreuzeszeichen selbst war den Germanen als Rune für Sonne bekannt.[86] So ist vieles mehrdeutig. Vielleicht trifft dies auch für die beiden herrlichen Bäume hinter Adam und Eva in der Szene zu, in der der Schöpfer sie zusammenführt, wurden doch nach germanischer Überzeugung die ersten Menschen aus Esche und Ulme erschaffen – eine Erinnerung an den Zustand, den die Geisteswissenschaft »die alte Sonne« nennt –; wie überhaupt der Baum einen anderen Stellenwert bekommt, wenn man weiß, wie bestimmend er noch wenige Generationen vor Bernward in Niedersachsen für das Gepräge der Kultstätten war. Maria und Johannes stehen auf dem Kreuzigungsrelief nicht unter dem Kreuz, sondern ganz am Rande, Maria sinnend, Johannes deutend, Maria nach innen gekehrt, Johannes nach außen gewendet, beide mit einem Buch in der Hand. Bücher müssen wir in Darstellungen jener Zeit stets als Hinweis auf inspiriertes Wissen verstehen. Nicht bei der Verkündigung, wenn sie den Engel vernimmt, wird Maria mit einem Buch gezeigt, sondern bei der Geburt und unter dem Kreuz. Diese Türen sahen Menschen, denen aus der Vergangenheit überliefert war, daß gerade Frauen höchstes Wissen zu künden in der Lage sind, wie die Seherinnen der »Edda«, die Weleda Westfalens.

Mit diesen Türen ergeht vor Betreten des Gotteshauses gleichsam ein Ruf an die Menschen, daß das Böse, das Tod und die Natur verkümmernde Todeskräfte mit sich bringt, das Zorn – bei Kain –, Zweifel – bei der Hebamme – und Furcht – bei Herodes – erzeugt, überwunden werden kann, seitdem der Auferstandene den Tod überwand und die ätherische Welt, für die die Pflanzen Symbol sind, mit neuem Leben erfüllte.

Aber die Felder sind auch in der waagrechten Gegenüberstellung alt- und neutestamentlicher Szenen zu sehen. Unten korrespondiert die Keule als Waffe mit dem Ölbaumzweig des Friedens in Marias Hand, Gottverlassenheit mit Gottesverheißung. –

161

Abel trägt das Lamm, auf der gegenüberliegenden Seite ist das Lamm Gottes in der Welt erschienen. – Auf beiden Seiten sitzen Mütter mit ihren Kindern: Eva und Maria. – Parallel zur Paradiespforte steht im Tor des Tempels der Altar. Der Cherub verschließt dem Menschen die geistige Welt, der Priester öffnet sie wieder. – Dann ist zu sehen, wie die Gottheit den Menschen verhört, auf der anderen Seite der Mensch den Gott, beide Male mit ausgestrecktem Zeigefinger. – Der Baum der Erkenntnis, um den sich die Schlange windet, steht nicht, wie es der Überlieferung entspräche, in der Mitte des Paradieses, so daß wir im Baum, der dort bei Bernward wächst, den Baum des Lebens zu sehen haben, aus dem das Kreuz auf dem parallelen Bild hervorging. Beide Male ist eine für die Menschheitsentwicklung entscheidende Tat vollbracht: der Griff nach der verbotenen Frucht und der Tod am Kreuz. – Die Auferstehung als Ereignis und der Auferstandene als Erscheinung entsprechen der Zusammenführung Adams mit Eva und ihrer Erschaffung. Unschuld und Überwindung der Schuld, geschenkte Fülle der Natur und errungene Früchte des Lebens sind nebeneinander gestaltet.

Aufmerksamkeit ist auch den Tieren auf diesen beiden Türflügeln zu widmen: Lamm und Taube, Ochs und Esel, zwei Löwenhäupter als Türgriffe, zwei Adler und ein Pfau sind dort in Erz gegossen. Es sind die Tiere des Viergetiers, das Lamm Gottes, die Taube des Heiligen Geistes, der Pfau als Symbol der Unsterblichkeit und der Esel, der zur Flucht aus Ägypten und am Palmsonntag zum Tragen der edelsten Last diente. Diese Tiere kommen nur beiläufig vor, eingebunden in Ereignisse, in denen sie nebensächliches Detail sind. Und dennoch kann die Auswahl angesichts der weisheitsvollen Komposition nicht zufällig erscheinen.

Im Gesamtaufbau der Türen lebt die Idee, die Bernward vor Augen stand: In der Geste, manchmal auch in der Bewegung eines Gewandes lebt das Seelische der Gestalten; das Elementarische spricht aus der Pflanzenwelt, während die Welt toter Gegenstände eine Fülle von Symbolen beisteuert. Ein einfach zu lesendes Werk für den, der sich voll Freude dem Erzählten zuwendet, schwer zu deuten für den, der in seine Vielschichtigkeit eindringt.

Wesensunterschied der deutschen gegenüber der französischen und italienischen Romanik

In der Annäherung an einige der bedeutendsten Werke der Romanik im deutschen Bereich sind im vorangegangenen vielfältige Wege begangen worden. Bauwerke wurden umschritten und durchatmet, jede Form wurde mit den Sinnen ergriffen und innerlich nachplasziert, Bewegungs- und Gleichgewichtssinn wurden aktiviert und auch die höheren Sinne, des Gedankens und des Ich, um Antworten auf Fragen zu erhalten. Spürbar wurde, wie sich die Götterwelt im Zeichen offenbart, wie das Zeichen sich in geometrischer und räumlicher Gestalt ausprägt. Der Eingeweihte fand den Weg, aus dem Reich der Urbilder, dem Born aller Kunst und Wissenschaft, das Neue herabzuführen in die Sichtbarkeit eines Bauwerks, einer Plastik. Wir suchen die ewigen Quellen und die Geistwesen, in denen sie gründen, wenn wir dem Kunstwerk in rechter Gesinnung begegnen. Die Gottheit selbst wohnt im Heiligtum, das nach für sie gültigen Gesetzen erbaut wurde. So sind wir frei, gute Mächte zu rufen oder Dämonen in modernen Zweckbauten Einlaß zu gewähren. Die guten Wesen bleiben, wenn das durch Kriege Zerstörte aus christlichen Glaubenskräften erneuert wird.

Weniges nur konnte angedeutet werden. Ein übender Weg, der der Seele Wahrnehmungsorgane für das geistig Wesenhafte schafft, das aus dem Kunstwerk ebenso spricht wie in der Idee oder im Kultus, kann nur im tätigen Miteinander gefunden werden. Aber eine Vorstufe des Verstehens ist das Hereinfühlen in eine Plastik wie in die Geste eines Schauspielers, in die Mimik oder Haltung eines vertrauten Menschen. Was jedoch wissen wir von ihm, wenn wir die Umstände nicht kennen, unter denen er lebt, nichts von den Gedanken und Gefühlen wissen, die ihn bewegen? Der große Strom der Geschichte, in den die Kunst als eine der vielen Äußerungen menschlicher Schöpferkraft eingebettet ist, wurde in Umrissen nachgezeichnet. Die Dichtung ist eine weitere Offenbarung des deutschen Volksgeistes.

Weder im Großen noch im Kleinen wurde Vollständigkeit angestrebt. Weder sind alle charakteristischen Züge der Romanik im deutschen Bereich aufgelistet worden noch die Stufen der Entwicklung von Jahrzehnt zu Jahrzehnt und von Landschaft zu Landschaft, denn die regionalen Unterschiede sind beträchtlich. Es fehlen unserer Betrachtung sowohl bedeutende Werke der behandelten Kunststätten – wie zum Beispiel das

Gerokreuz im Kölner Dom, der Marientod am südlichen Querhaus des Straßburger Münsters, die Adamspforte und das Fürstenportal am Bamberger Dom, der Diakon im Naumburger Dom, die Bronzesäule Bernwards im Hildesheimer Dom – wie auch herausragende Dome, wie die von Speyer, Trier und Halberstadt. Es fehlt die ganze Ordensbaukunst, etwa auf der Reichenau, in Hirsau und Maria Laach. Es fehlen ganze Gattungen von Kunstwerken der Plastik, die Kruzifixe, etwa dasjenige von Werden, die Madonnenstatuen, die von Essen und Paderborn, die bedeutenden Kreuzigungsgruppen von Innichen, Wechselburg, Halberstadt und Freiberg, das Figurenportal, beispielsweise die Goldene Pforte von Freiberg, große Bronzeskulpturen wie der Erfurter Wolfram und der Braunschweiger Löwe, Altarantependien und so weiter, von der Kleinkunst ganz zu schweigen. – Die Vielfalt deutschen romanischen Kunstschaffens ist groß.

Wesentlich erschien es, in einige wenige Kirchen und Skulpturen so einzutauchen, daß sich in ihnen Größe und Wesen einer Kunst offenbaren, die vom deutschen Volksgeist inspiriert ist. Zur Sphäre der Inspiration gehört nicht allein, daß das Ohr des Geistesschülers etwas vernimmt, sondern auch, daß sich der Sinn bildhafter Wahrnehmungen erschließt, die auf früherer Stufe gemacht wurden. Es ist die Sphäre, aus der die einheitliche Kultur eines Volkes in ihren vollendetsten Ausprägungen schöpft. Deshalb galt ihnen unser bevorzugtes Interesse.

Faßt man die Wesensunterschiede der Romanik im deutschen gegenüber dem französischen und italienischen Bereich ins Auge, so müssen Andeutungen genügen, sonst müßte auch in die Kunstwerke Frankreichs und Italiens eingetaucht werden. Diese beiden Länder waren im Mittelalter besonders eng mit Deutschland verbunden, gehörten doch Italien, Burgund und Lothringen zum Heiligen Römischen Reich Deutscher Nation. Es sollen einige Namen genannt werden, um bewußtzumachen, was zur gleichen Zeit, zwischen 1000 und 1250, in anderen Gegenden Europas entstanden ist.

Die burgundische Plastik bildet vornehmlich mit St.-Madeleine in Vézelay und St.-Lazare in Autun eine eigene Schule. Für den Süden Frankreichs sind St.-Sernin in Toulouse und St.-Trophîme in Arles zu nennen. Anregungen nahm die deutsche Kunst von den führenden Hütten der Kathedralen in Chartres und Reims auf. Aus dem Norden Italiens sind uns mit Benedetto Antelami und Niccolò Pisano Werke und Namen großer Künstler überliefert. Die Dome in Pisa und Parma, die Baptisterien beider Orte und in Florenz sind ebenso herausragend wie auf Sizilien der Dom von Monreale und die Capella Palatina in Palermo.

Am romanischen Kirchenbau Deutschlands fällt auf, daß aller Schmuck nach innen genommen ist. Eine Farbigkeit der Fassade, wie wir sie in Florenz sehen, wäre dem nordischen Menschen ebenso fremd gewesen wie die Figurenfülle der Fassaden Frankreichs. Es gibt zur Zeit der Romanik nur wenige und, verglichen mit Burgund, strenge Figurenportale in Deutschland. In Frankreich stehen die reifsten Leistungen der Bildhauerkunst am Kirchenäußeren, in Deutschland im Inneren. Als Ornament dient der immer wiederkehrende Rundbogen. Der Schmuck lenkt von den Grundelementen der Raumformen nicht ab, die sich dem Betrachter deutlich akzentuiert und gegliedert darbieten. Der Dom wahrt die Reinheit der Formen gerade unter dem Aspekt trinitarischer Gedanken. Die größten Krypten wurden in Deutschland gebaut, mancherorts sogar zwei in einem Bau. Die Doppelchörigkeit hat als Idee in Mitteleuropa ihren Ursprung. Die ausgeschiedene Vierung, deren erste in Deutschland entstand, betont den Schnittpunkt der Kreuzesbalken und setzt auf ihn den Kreis oder das Achteck, worüber sich die Kuppel erhebt. Die Doppelchörigkeit läßt die Polarität von diesseits und jenseits der Schwelle erleben, die Polarität zweier Reiche, des irdischen und des himmlischen. Das eine soll Abbild des anderen sein, weshalb beide in den Bau einbezogen sind. So lebt in der Doppelchörigkeit eine neue Auffassung von der sozialen Ordnung, im Unterschied zum Atrium der Antike, zum Vorhof der altchristlichen Basilika, zum Westwerk der Karolingerzeit. Schwere und Wucht deutscher Romanik entsprechen dem starken Willenselement, das Seelenerbe des Volkes ist. Auch hier wirkt der Volksgeist, wie in der Kraft deutscher mittelalterlicher Epen.

Italien gibt einem einzigen Glockenturm den Vorzug. Vieltürmigkeit kennt auch Frankreich, doch gehört sie in Deutschland unabdingbar zum Dombau, als Verbindung gleichsam der menschlichen mit der göttlich-geistigen Welt.

165

Das Erbe der Antike kann eine Last sein, die an Altes bindet und die freie Entfaltung neuer Impulse hemmt. In Italien ist dieses Erbe allgegenwärtig, aber es wirkt auch in Frankreich in weit stärkerem Maß als in Deutschland. Der herrliche Mosaikschmuck, in dem zum Beispiel die Kirchen Roms, in Florenz das Baptisterium und S. Miniato al Monte, auf Sizilien der Dom in Monreale und die Palastkapelle in Palermo prangen, ist Erinnerung an eine verklungene Schau der geistigen Welt; ehrfürchtig steht der Gläubige davor. Schön und edel sind die Gestalten von Chartres und Reims. In ihrer Schönheit und unvergleichlichen Harmonie atmet antikischer Geist. Können wir als Erdenwesen sein wie diese Gestalten? Wie anders, wie unmittelbar kann man sich demgegenüber den Männern und Frauen im Naumburger Stifterchor verbinden.

Wie Italien sich in romanischer Zeit der Welt der Farbe im Mosaik verbunden hat, so Frankreich im Glas seiner Fenster und im Email der Limoger Arbeiten, Deutschland aber in seinen herrlichen Totenschreinen, die den Zauber von Gold und Edelstein mit der Magie der Reliquien vereinen. In der Malerei ist Deutschland im Europa der romanischen Zeit führend.

So bereitet sich eine neue Kultur vor, die aus den Willenskräften eines jungen Volkes aufsteigt und sich erst in späterer Zeit zur vollen Reife entfalten soll.

Die Romanik als Vorbereitung der Bewußtseinsseelenzeit

»Ganz besonders deutlich ist das Heraufkommen der Zeit der Bewußtseinsseelen-Entwickelung gerade in der mitteleuropäischen Kultur zu sehen. Es bereitet sich dieses Heraufkommen der mitteleuropäischen Kultur allerdings schon seit dem 10., 11., 12. und 13. Jahrhundert deutlich vor.« So sagt Rudolf Steiner.[87] Zu Beginn der Bewußtseinsseelenzeit steht die Sonne im Sternbild der Fische. Sie beginnt mit dem Jahr 1413 und dauert bis 3573. Wir leben also im ersten Drittel dieser Epoche, der als Ziel menschheitlicher Entwicklung die Reinigung und Verwandlung der Seele dergestalt gesetzt ist, daß sie zu einem Teil unvergängliche Hülle des menschlichen Geistwesens werden kann. Was nicht verwandelt wird, wird im Fegefeuer geläutert und auf dem Gang des Ich durch die Sphären der Ewigkeit zurückgelassen, bis es auf dem Wege einer neuen Erdenverkörperung wiederum zu einer abermals ablegbaren Hülle herangebildet wird. Vorbereitende Stufen einer solchen Verwandlung der Seele sind das Erüben geistdurchlässiger Kunst, das Studium geistentsprossener Ideen und die Teilnahme an einem geisterfüllten Kultus. Wissenschaft, Kunst und Religion sind drei Wege der Seelenschulung und der Geistesschülerschaft.

Die Frage nach der Geistdurchlässigkeit der romanischen Kunst ist unter einem neuen Gesichtspunkt zu stellen: Taucht etwas durch sie in die Kulturentwicklung Hineingeströmtes nach 1413 in verwandelter Gestalt wieder auf? Wiederentdeckt wurde sie bezeichnenderweise von den Romantikern zu einer Zeit, als der deutsche Volksgeist abermals ganz eingeatmet ist.

Was als Ichhaftigkeit der Plastik in Bamberg und Naumburg deutlich erlebt werden kann, findet sich in den Bildnissen Albrecht Dürers wieder, am stärksten ausgeprägt in seinen Vier Aposteln, aber auch in der Porträtkunst eines Cranach oder Holbein. Das für Licht und Schatten an den tiefen Laibungen der Fenster und Türen deutscher Dome geschulte Empfinden, das darüber hinaus aus germanischem Erbe das Element der rhythmisch gestalteten linearen Form kannte, woran noch die Rundbogenfriese der Kirchen erinnern, war vorbereitet für die Hell-Dunkel-Kunst, die hier entstand und in den Kupferstichen Albrecht Dürers ihren niemals übertroffenen Höhepunkt erreichte. Um 1440 sind die ersten Kupferstiche in Deutschland nachzuweisen. Die Anfänge des Holzschnitts reichen in das 14. Jahrhundert zurück, hier kommen neben Deutschland die Niederlande und Frankreich als Ursprungsländer in Frage.

Aber auch dunkle Mächte können sich zum Schaden der Menschheit der Impulse bedienen, die durch die deutsche Romanik sprechen. So kann das Bild des geisterfüllten Erdenmenschen, nicht des Heiligen oder des göttlichen Boten, wie es in Naumburg zu sehen ist, zum naturalistischen Abbild des Alltagsmenschen in all seiner Plattheit entarten, wie es der Naturalismus zeigt. Die Romanik konnte in der deutschtümelnden Neoromanik Urständ feiern wie das Heilige Römische Reich Deutscher Nation als Entartung im wilhelminischen Kaiserreich, in dem »Krautjunker und Schlotbarone« die Stelle von Sacerdotium und Imperium einnahmen. Und schließlich kann der »additive Stil« der Romanik, wie ihn Kritiker nennen, denen sein Wesen verborgen blieb, als Neue Sachlichkeit eines Bauhauses wieder hervorbrechen, von wo aus es zum Rasterbau unserer Zeit nur noch ein kleiner Schritt ist.

Rudolf Steiner hat darauf aufmerksam gemacht, daß die deutsche Kunstentwicklung, die mit Dürer einen Höhepunkt erreichte, richtig verstanden ihre Fortsetzung in der Kunst des ersten Goetheanums fand. Dieses Bauwerk, das in der Hauptsache aus zwei sich durchdringenden Kuppeln auf zylindrischen Raumkörpern gebildet war, wobei die Längsachse durch Säulenstellungen und Architrave im Innern und die Querachse durch äußere Anbauten bewahrt blieben, läßt sich als Fortentwicklung der Doppelkuppelbauten der Rheinlande erleben. Auch beim Mainzer Dom ragt die größere Kuppel im Westen, die kleinere im Osten auf. Der Raum unter der einen Kuppel war dem Kultus, derjenige unter der anderen dem Kaiser vorbehalten. Beim Goetheanum lag unter der einen Kuppel die Bühne der Mysterienspiele, unter der anderen der Zuschauerraum. Geistiges und weltliches Reich, Sacerdotium und Imperium gehörten zur Zeit der Romanik getrennten Sphären an. In unserer Zeit, in der die ganze Menschheit die Schwelle zwischen der irdischen und der geistigen Welt überschreitet, wenn zumeist auch unbewußt, durchdringen sich beide Sphären, wie die Kuppeln des ersten Goetheanums.

Das Rosenkreuz ist das Symbol einer neuen, geistdurchdrungenen Kultur. Es ist das Kreuz, dessen Schnittstelle von einem Kranz von sieben Rosen umgeben ist. Dies vorausahnend, erhebt sich über der Schnittstelle von Langhaus und ebenso hohem Querhaus, über der Kreuzung der Schiffe, die Kuppel oder der Tambour der Vierung mit den sich dem Licht öffnenden Fenstern, wie sich die Rosen des Rosenkreuzes als Geistorgane dem Licht der höheren Welten öffnen.

Die Romanik ist in weiterer Hinsicht Vorbereitung späterer Zeiten, wie es jede Kunst gewesen ist. Sie hat auf die Seelen der Menschen gewirkt, die solch ein Gotteshaus betraten, die solch ein Gotteshaus im Ablauf ihres Alltags sahen. Die Menschen tragen die Eindrücke, wenn sie sich nur tief genug dem Gemüt einprägen, in ein anderes Leben hinüber und verwandeln sie zu Impulsen neuer Taten. Aber Architektur wirkt schon unmittelbar im jeweils gegenwärtigen Leben. Die Wirkung zeigt sich schließlich in den Generationenreihen als eine in den Erbstrom eindringende Kraft.

Von den drei genannten Wirkungen kann in diesem Zusammenhang nur die letzte berührt werden, die sich auf die Bewußtseinsseelenzeit Mitteleuropas bezieht. Erdenschwere der wuchtigen Massen und Himmelsnähe der Vielzahl der Türme sind zwei Komponenten deutscher Romanik, die klare Struktur des Aufbaus ist eine dritte, das überwiegende Hereinnehmen des Schmuckes eine vierte. Die Ichhaftigkeit des menschlichen Ausdrucks wird in der Plastik über die bloße Schönheit gestellt. Es geht ihr darum, nicht nur das Gute als Wesensmerkmal des Menschseins abzubilden, sondern auch das Böse; dabei ist an den Grafen Thimo in Naumburg, die Kainsszenen in Hildesheim und die Herodesdarstellungen auf den Kölner Holztüren und vieles mehr zu denken. Unübersehbar tritt ein Streben nach Wahrhaftigkeit zutage.

Wie das romanische Kunstschaffen Seelen verwandelt und in ihnen im Lauf der Generationen neue Fähigkeiten wachruft bzw. die ätherische Grundlage vorbereiten hilft, auf der sie sich entfalten können, darauf kann nur andeutungsweise hingewiesen werden. Die Kargheit des Dekors und das Hereinnehmen des Schmucks ins Kircheninnere führt zu einer Verinnerlichung des religiösen Gemüts. Es sucht die persönliche Beziehung zu seinem Gott. Dazu bedarf es des individuellen Verständnisses der Heiligen Schrift. Was als wahrhaftig erkannt wird, wird mit unbeirrbarem Willen festgehalten. So erwächst aus dem deutschen Volk ein Luther, der vor Kaiser und Reichstag bekennt: »Hier stehe ich, ich kann nicht anders.« Sein reformatorischer Geist hält Kargheit des kirchlichen Schmuckes und der kultischen Gewänder für eine Voraussetzung eines innerlich reichen Kultus. Die Regierenden eines ganzen Staates, des protestantischen preußischen, erhoben später Kargheit und Nüchternheit zu einer ethischen Maxime.

Der Dualismus von Erdenschwere und Himmelsnähe, von Materialismus und Idealismus durchzieht die ganze deutsche Kultur. Es sind die zwei Seelen, die in einer Brust wohnen, von denen Goethe seinen Faust sprechen läßt und die ihm aus eigenem Erleben nur zu gut bekannt waren. Diesem Dualismus korrespondieren spirituelle Tatsachen. Die Scheide zwischen einem Überwiegen ahrimanischer oder luziferischer Doppelgängerkräfte, wie sie aus den Tiefen der Erde in jedem Lande aufsteigen, geht durch Deutschland. Der Rhein, auf dessen linker Seite die herrlichsten romanischen Kirchen stehen, auf dessen rechter die wunderbarsten Plastiken zu finden sind, bildet diese Scheide. Eine Entartung der Formgebundenheit deutschen romanischen Sakralbaus führte in der Baukunst zur Neuen Sachlichkeit. Eine Entartung der Ichkraft, wie sie die romanische deutsche Plastik ausstrahlt, führte zum Ich- und Größenwahn eines Wilhelm II. und eines Hitler. Im ersten Fall wirkten die ahrimanischen Doppelgängerkräfte der westlichen Rheinseite zu stark, im zweiten Fall die luziferischen östlich des Rheins.

Die klare Struktur deutscher romanischer Baukunst, die in ihrer Gesetzmäßigkeit als Widerspiegelung kosmischer Gesetze erfaßt sein will, wirkt mit anderen Faktoren auf ein werdendes Volk der Dichter und Denker. Der philosophische Idealismus erhielt seine vollkommenste Ausprägung durch Philosophen, die östlich des Rheins geboren sind und im Osten auch ihre Wirksamkeit entfalteten: Fichte, Schelling und Hegel. Der wissenschaftliche Materialismus, in der Philosophie der dialektische, wurde von einem westlich des Rheins geborenen Philosophen im Westen in vollkommenster Weise formuliert, von Karl Marx. Den Denkern beider Richtungen sind Klarheit und Ichkraft gemein, die sich als Grundzüge deutscher Romanik erwiesen haben.

So wird der lebendige Atem des Volksgeistes erlebbar, der die deutsche Romanik in ihrer besonderen Ausprägung impulsierte und später das Volk in seinen geistigen Leistungen durchwehte.

Anhang

Zeittafeln zur Geschichte und Kunst der Romanik

Zeittafel zur politischen Geschichte

772	Zerstörung der Irminsul durch Karl den Großen
785	Wittekind läßt sich taufen
787	Erster Beutezug von Normannen in Westeuropa
878	Ein Teil Englands wird normannisch
888	Rudolf, ein Welfe, gründet das Königreich Burgund
911	Der Normannenführer Rollo wird Lehnsmann der französischen Krone
933	Heinrich I. siegt über die Ungarn an der Unstrut
951	Italien wird durch Ottos I. Heirat Teil des Reiches
955	Otto I. siegt am Lech über die Ungarn und an der Recknitz über die Wenden
982	Sieg der Sarazenen bei Capo Colonne über Otto II.
997	Slawenfeldzug Ottos III.
1009	Polenfeldzug Heinrichs II.
1033	Konrad II. erwirbt Burgund durch Erbvertrag
1046	Synode zu Sutri unter Leitung Heinrichs III.
1059	Papstwahldekret Nikolaus' II.
1060	Zerstörung des Heidentempels in Uppsala
1061	Beginn der Eroberung Siziliens durch die Normannen
1066	Wilhelm erobert England
1075	Dictatus Papae Gregors VII.
1096–1099	Erster Kreuzzug, Eroberung Jerusalems
1112	Gründung des einzigen deutschen Schwurverbandes in Köln
1122	Wormser Konkordat
1130	Der Papst erkennt Roger II. als König von Sizilien an

1147–1149 Zweiter Kreuzzug
1187 Saladin erobert Jerusalem
1186 Friedrich I. verheiratet seinen Sohn Heinrich mit der Erbin Siziliens
1189–1192 Dritter Kreuzzug
1202–1204 Vierter Kreuzzug mit der Eroberung Konstantinopels unter Führung des Dogen Dandalo
1209–1244 Albigenserkreuzzüge auf Betreiben von Papst Innozenz I.
1228–1229 Fünfter Kreuzzug
1229 Friedrich II. erreicht durch Vertrag den Abzug des Sultans aus Jerusalem
1241 Mongolenschlacht bei Liegnitz
1245 Der Papst flieht nach Lyon
1252 Durch eine Bulle des Papstes wird die Folter bei der Inquisition eingeführt

Zeittafel zu den deutschen Königen und Kaisern

911–918 Konrad I.
918–936 Heinrich I.
936–973 Otto I.
973–983 Otto II.
995–1002 Otto III.
1002–1024 Heinrich II.
1024–1039 Konrad II.
1039–1056 Heinrich III.
1065–1106 Heinrich IV.
1106–1125 Heinrich V.
1125–1137 Lothar III.

1138–1152 Konrad III.

1152–1190 Friedrich I.

1190–1197 Heinrich VI.

1198–1208 Philipp

1198–1211 Otto IV.

1211–1250 Friedrich II.

1250–1254 Konrad IV.

1268 Konradin wird enthauptet

Bei Otto III. und Heinrich IV. stehen die Daten der Volljährigkeit.

Zeittafel zur Geistesgeschichte

869 Parzival Gralskönig

910 Gründung von Cluny

926 Konstitution der ältesten Loge in York

926 Heinrich I. erhält die Heilige Lanze

958 Das Zeichen des Kreuzes leuchtet imaginativ auf den Kleidern vieler Menschen in Deutschland

um 935–1002 Hrosvitha von Gandersheim

1054 Schisma zwischen Byzanz und Rom

1118 Gründung des Templerordens

1131 Älteste Kommende der Templer in Deutschland (mit Sitz in Supplingenburg)

1190 Gründung des Deutschen Ordens

um 1168– um 1230 Walther von der Vogelweide

1170– um 1220 Wolfram von Eschenbach

1181–1205 Nachweisbare Tätigkeit des Nikolaus von Verdun

173

um 1182–1226 Franz von Assisi
1207–1231 Elisabeth von Thüringen
1206–1280 Albertus Magnus (Albert von Bollstädt)
1224–1274 Thomas von Aquin
um 1250 Beginn einer großen Inspiration der Menschheit

Zeittafel zu den vier größten Domen im deutschen Bereich

um 976–1239 St. Martin und St. Stephan in Mainz
um 1001–1234 St. Peter in Worms
1024–1112 St. Maria und St. Stephan in Speyer
um 1040–um 1250 St. Kilian in Würzburg

Zeittafel zu den zwölf romanischen Kirchen Kölns

um 355–1227 St. Gereon
um 965–um 1150 St. Pantaleon
um 965–1240 St. Maria im Kapitol
vor 974–1245 St. Andreas (gotische Teile später)
vor 1021–1223 St. Aposteln
1059–1188 St. Georg
1130–1160 St. Cäcilien
vor 1135–1287 St. Ursula
1150–um 1250 Groß St. Martin
1210–1220 St. Maria Lyskirchen (Deckenmalerei später)

vor 1237 St. Severin
1215–1247 St. Kunibert

Zeittafel zu Bauplastik und Kirchentüren

      1015 Bernwardstüren des Hildesheimer Domes
vor 1049 Holztüren für St. Maria im Kapitol in Köln
1210–1240 Südliches Querschiff des Straßburger Münsters
1220–1235 Georgenchor des Bamberger Domes
nach 1249 Westchor des Naumburger Domes

Zeittafel zum Auftreten von Baumotiven an Kirchen

790–799 Erstes Westwerk mit St. Riquier in Centula
um 820 Erster Plan einer doppelchörigen Kirche für St. Gallen
957 Erstes vollständig überwölbtes Langhaus in Katalonien
um 976–1009 Erste ausgeschiedene Vierung mit dem Mainzer Dom
um 984 Erster Rundbogenfries an St. Pantaleon in Köln
1001–1033 Erstes Würfelkapitell in St. Michael in Hildesheim
1034 Erste Vierungskuppel in St. Maria in Ripoll (Katalonien)
vor 1050 Erstes Triforium an St. Lucius in Werden bei Essen
um 1050 Erste Zwerggalerie am Trierer Dom
vor 1065 Erste Trikonche außerhalb der Mittelmeerregion mit St. Maria im Kapitol in Köln
1132–1144 Erste gotische Kirche: St. Denis
um 1156 Erstmals Kombination von Plattenfries und Zwerggalerie an St. Gereon in Köln

1150–1172 Zweischaliger, raumbildender Aufbau im Obergeschoß einer Trikonche mit Groß St. Martin in Köln

Verschiedene der in diesem Buch angeführten Daten sind strittig, manchmal gibt es auch zwei Daten für ein Ereignis, die je mit einer gewissen Berechtigung genannt werden. Der Leser wird mit diesen Auseinandersetzungen nicht konfrontiert. Nach reiflicher Prüfung habe ich mich stets für eine Datierung entschieden.

Anmerkungen

1 Rudolf Steiner: » Die neue Geistigkeit und das Christus-Erlebnis des zwanzigsten Jahrhunderts«, Vortrag vom 17. Oktober 1920 in Dornach, GA 200

2 Rudolf Steiner: » Theosophie, Einführung in übersinnliche Welterkenntnis und Menschenbestimmung« (1904), GA 9, S. 60; der Mensch gliedert sich in physischen Leib, Lebensleib, Astralleib, Ich, Geistselbst, Lebensgeist und Geistesmensch.

3 Hans Erhard Lauer: » Die Volksseelen Europas, Versuch einer Psychologie der europäischen Völker«, Stuttgart 1965, S. 96

4 Rudolf Steiner: » Die Mission einzelner Volksseelen im Zusammenhange mit der germanisch-nordischen Mythologie«, Vortrag vom 14. Juni 1910 in Kristiania, GA 121

5 Rudolf Steiner: » Welt, Erde und Mensch«, Vortrag vom 14. August 1908 in Stuttgart, GA 105

6 Theodor Fuchs: » Arminius und die Externsteine«, Stuttgart 1981

7 Rudolf Steiner: » Die Mission einzelner Volksseelen im Zusammenhange mit der germanisch-nordischen Mythologie«, Vorträge vom 12. und 14. Juni 1910 in Kristiania, GA 121

8 Hierüber informieren ausgezeichnet Wilhelm Teudt: » Germanische Heiligtümer«, Jena 1928, und Hans Gsänger: » Die Externsteine«, Freiburg 1968

9 » Edda«, übertragen von Felix Genzmer, Jena 1922, Bd. II, S. 170 ff.

10 Rudolf Steiner: » Das Matthäus-Evangelium«, Vortrag vom 7. September 1910 in Bern, GA 123

11 Über Wittekind informieren » Westfälische Sagen«, hrsg. von Paul Zaunert, Jena 1927, und Wilhelm Weitz: » Von Widukind und Enger«, Herford 1964.

12 Johannes Jahn: » Wörterbuch der Kunst«, Stuttgart 1983, S. 760

13 Vgl. Rudolf Steiner: » Die Tempellegende und die Goldene Legende«, GA 93; 1614 erschien » Fama Fraternitatis oder Entdeckung der Bruderschaft des Hochlöblichen Ordens des R. C.«, 1615 » Confessio Fraternitatis oder Bekandtnus der löblichen Bruderschaft des hochgeehrten Rosen Creutzes«, 1616 » Chymische Hochzeit: Christiani Rosenkreutz. Anno 1459«.

14 Ernst Harnischfeger: » Die Bamberger Apokalypse«, Stuttgart 1981, S. 49, schreibt dazu: » Vergessen wir nicht, daß der Maler der Bamberger Apokalypse in einer Zeit des Umbruchs lebte. Umbruchzeiten aber... sind auch immer Zeiten der Öffnung des menschlichen Bewußtseins für Inspirationen... So mag es sein, daß die reine Bildgestalt der Bamberger Apokalypse einem hohen Einfluß in der Seele ihrer Entwerfer und Maler zu verdanken ist.«

15 Heinrich Teutschmann: » Der Gral, Weisheit und Liebe«, Dornach 1984, S. 169

16 Rudolf Steiner: » Anweisungen für eine esoterische Schulung, Aus den Inhalten der ›Esoterischen Schule‹«, GA 245

17 Max Hauttmann: »Die Kunst des frühen Mittelalters«, PKG Bd. VI, Berlin 1929, S. 115

18 Wilhelm Weitz, a.a.O., S. 16

19 Ernst Uehli: »Die drei großen Staufer«,
   Dornach 1979, S. 30

20 Rudolf Steiner: »Vergangenheits- und
   Zukunftsimpulse im sozialen Geschehen«, Vortrag vom 12. April 1919 in Dornach, GA 190

21 Rudolf Steiner: »Die Impulsierung des weltge-
   schichtlichen Geschehens durch geistige
   Mächte«, Vortrag vom 17. März 1923 in
   Dornach, GA 222: »Alles, was da im Mittelalter
   geschieht in westöstlicher Richtung und in ost-
   westlicher Richtung, …was da sich gegenseitig
   bekämpft, von den Hunnenkämpfen bis zu den
   Türkenkämpfen, von der Völkerwanderung bis
   zu den Kreuzzügen, wo alles immer eine west-
   östliche oder ost-westliche Richtung hat, alles
   das ist das sinnlich-physische, das geschichtliche
   Abbild eines Geisteskampfes, …der sich hinter
   den Kulissen der Weltgeschichte abspielt. Man
   begreift eben das geschichtliche Geschehen auf
   der Erde erst dann in seiner Wirklichkeit, wenn
   man in ihm ein Abbild sieht von dem, was in der
   übersinnlich-geistigen Welt zwischen den Wesenheiten der höheren Hierarchien sich abspielt.« Gute Erzengel wirken von Norden nach
   Süden und gießen »in jedes einzelne Menschen-
   gemüt etwas hinein…, was da jenen Gemein-
   geist übertönt, der eigentlich doch von den zu-
   rückgebliebenen Geistern der Form herrührt«.

22 Percy Ernst Schramm: »Kaiser, Könige und
   Päpste, Beiträge zur allgemeinen Geschichte«,
   Bd. III, Stuttgart 1969, S. 157

23 Hanns Leo Mikoletzky: »Kaiser Heinrich II. und
   die Kirche«, Wien 1946, S. 13; es gibt auch Forscher, die sie für eine Lanze aus karolingischer
   Zeit halten.

24 Thietmar von Merseburg: »Chronik«, Darm-
   stadt 1985, S. 211

25 Percy Ernst Schramm, a.a.O., S. 157

26 Percy Ernst Schramm, a.a.O., S. 64

27 Percy Ernst Schramm, a.a.O., S. 72

28 Percy Ernst Schramm, a.a.O., S. 430f.

29 Rudolf Steiner: »Das Prinzip der spirituellen
   Ökonomie im Zusammenhang mit Wiederver-
   körperungsfragen«, Vortrag vom 11. April 1909
   in Köln, GA 109

30 Ernst Uehli, a.a.O., S. 139

31 Jacques Le Goff: «Das Hochmittelalter«,
   Frankfurt 1965, S. 90f.

32 S. Fischer-Fabian: »Die deutschen Cäsaren«,
   München 1977, S. 198

33 Friedrich Häusler: »Klingsor«, in: Das
   Goetheanum, Jg. 17, Nr. 19; er stellt dar, daß die
   schwarzmagische Entwicklung Siziliens mit der
   normannischen Eroberung beginnt und kurz
   zuvor die letzte Fahrt einer normannischen
   Flotte nach dem mittleren Nordamerika stattfand. Mit dem Nordosten Amerikas hörte der
   Verkehr nie auf. Auch bei den Albigenserkreuz-
   zügen taten sich die Normannen hervor.

34 Ernst Uehli, a.a.O., S. 129

35 Margarete Stickdorn: »Die Templer im Osten«,
   in: Das Goetheanum, Jg. 56, Nr. 37; Karl
   Falkenstein: »Geschichte des Tempelherren-
   Ordens«, Dresden 1833

36 Rudolf Steiner: »Anthroposophie als Kosmoso-

phie«, Vortrag vom 13. November 1921 in Dornach, GA 208

37 Siehe »Ornamenta Ecclesiae, Kunst und Künstler der Romanik«, hrsg. v. Anton Legner, Bd. I, Köln 1985, S. 83–97

38 Rudolf Steiner: »Die Tempellegende und die Goldene Legende«, a. a. O.: »Die Freimaurer waren in alten Zeiten wirkliche Maurer… Im Mittelalter waren es die Erbauer von Domen und Kathedralen. Sie bauten vom 13. Jahrhundert ab auch unabhängig von der Geistlichkeit… Vorher waren sie im Dienste der religiösen Gemeinschaften. Sie waren eigentlich die Baumeister.«

39 Rudolf Steiner: »Das Hereinwirken geistiger Wesenheiten in den Menschen«, Vortrag vom 11. Juni 1908 in Berlin, GA 102

40 Elisabeth Bessau: »Und der Bau wird Mensch«, in: Das Goetheanum, Jg. 64, Nr. 10

41 Guenther Wachsmuth: »Die ätherischen Bildekräfte in Kosmos, Erde und Mensch«, Dornach 1926, S. 47

42 Guenther Wachsmuth: »Die Ätherische Welt in Wissenschaft, Kunst und Religion«, Dornach 1927, S. 148, 155, 158, 163, 234

43 Heinrich Boos: »Geschichte der Freimaurerei«, Aarau 1906, S. 45 f.

44 Elisabeth Bessau: »Das Geistige in der Kunst«, in: Das Goetheanum, Jg. 64, Nr. 17

45 Thietmar von Merseburg, a. a. O., S. 91

46 Wilhelm Jung: »Die Steine reden noch…, der Mainzer Dom im Mittelalter«, Eltville 1981, S. 42

47 Rudolf Steiner: »Gegensätze in der Mensch-

heitsentwickelung«, Vortrag vom 9. März 1920 in Stuttgart, GA 197

48 Der erste Idealplan, jedoch nie ausgeführt, einer doppelchörigen Kirche ist derjenige von St. Gallen aus der Zeit um 820. Vieltürmig waren auch die Kirchen der Kluniazenser, aber sie verzichteten auf die Krypta. Zweipolig war die nicht erhaltene Kirche St. Riquier in Centula, die Angilbert, der Schwiegersohn Karls des Großen, erbauen ließ. Sie besaß dieselbe Anzahl Türme wie Mainz und hob durch Rundtürme die Vierung hervor, aber es fehlte ihr die deutliche Betonung der Kreuzesform.

49 Ein anderes, sehr viel jüngeres Bauwerk mit zwei Kuppeln brannte wie der Dom des Willigis auch in einer Nacht ab, das erste Goetheanum. Wie der Dom in Mainz besaß es zwei Kuppeln, die größere ebenfalls im Westen und die kleinere im Osten; nur schwebte die Kugel, zu der der Betrachter eine jede Kuppel vervollständigen muß, nicht hoch über der Erde. Es war zu einer anderen Zeit gebaut worden, in der die geistige Welt, nach dem Ende des Kalijuga, des finsteren Zeitalters, dem Menschen wieder näher, offener ist. Wohl gibt es noch immer ein geistiges und ein weltliches Reich, aber sie stehen einander nicht mehr wie zwei Pole gegenüber, die ein weiter, wenn auch notwendiger Weg trennt; sie durchdringen sich in unserer Zeit.

50 Rudolf Steiner: »Aus schicksaltragender Zeit«, Vortrag vom 14. Januar 1915 in Berlin, GA 64

51 Rudolf Steiner: »Wie erlangt man Erkenntnisse der höheren Welten?« GA 10, S. 117 f.

52 a. a. O.

53 Rudolf Steiner: »Die Tempellegende und die Goldene Legende«, a.a.O.

54 »Handbuch der historischen Stätten Deutschlands«, Bd. III, Nordrhein-Westfalen, Landesteil Nordrhein; hrsg. v. Walter Zimmermann und Hugo Borger, Stuttgart 1963, S. 351

55 Anton Legner (Hrsg.): »Ornamenta Ecclesiae«, Bd. II, a.a.O., S. 64

56 Rudolf Steiner: »Kunstgeschichte als Abbild innerer geistiger Impulse«, Vortrag vom 2. Januar 1917 in Dornach, GA 292

57 Der Fassadenplan F des Meisters Johannes scheint die Überarbeitung eines Planes von Meister Gerhard zu sein; vgl. Arnold Wolff: »Der Kölner Dom«, Stuttgart 1982, S. 23.

58 Gérard Schmidt: »Der Kölner Dom«, Köln 1980, S. 51

59 Rudolf Steiner: »Das Hereinwirken geistiger Wesenheiten in den Menschen«, a.a.O.

60 Max Hauttmann, a.a.O., S. 718

61 Am eindringlichsten ist dieser Schulungsweg in Rudolf Steiners vier Mysteriendramen dargestellt (GA 14).

62 Rudolf Steiner: »Theosophie«, a.a.O.; die neun Glieder sind physischer Leib, Lebensleib, Seelenleib, Empfindungsseele, Verstandesseele, Bewußtseinsseele, Geistselbst, Lebensgeist und Geistesmensch.

63 Rudolf Steiner: »Umwandlungsimpulse für die künstlerische Evolution der Menschheit«, Vortrag vom 29. Dezember 1914, in: »Kunst im Lichte der Mysterienweisheit«, GA 275

64 Rudolf Steiner: »Kunstgeschichte als Abbild innerer geistiger Impulse«, Vortrag vom 22. Oktober 1917 in Dornach, a.a.O.

65 Hermann Schnitzler: »Nikolaus von Verdun«, in: »Der Meister des Dreikönigenschreins«, Köln 1964, S. 9, 14

66 Peter Cornelius Claussen: »Nikolaus von Verdun, Über Antiken- und Naturstudium am Dreikönigenschrein«, in: »Ornamenta Ecclesiae«, Bd. II, a.a.O., S. 447, 452 ff.

67 Köln besitzt die vier Schreine der heiligen Heribert, Albinus, Aetherius, Maurinus; das nahe gelegene Siegburg die Schreine der heiligen Honoratius und Anno; an letzterem war die Werkstatt des Nikolaus von Verdun beteiligt.

68 Rudolf Steiner nennt Gelb die Glanzfarbe des Geistes. Verleiht man ihr Schwere, so wird sie zu Gold; vgl. von ihm: »Das Wesen der Farben«, Vortrag vom 7. Mai 1921 in Dornach, GA 291.

69 Rudolf Steiner: »Umwandlungsimpulse für die künstlerische Evolution der Menschheit«, a.a.O.

70 Drutmar Cremer, Kyrilla Spiecker: »Preisen sollen dich alle Völker«, Würzburg 1980, S. 31

71 Rudolf Steiner: »Okkulte Geschichte«, Vorträge vom 31. Dezember 1910 und 1. Januar 1911 in Stuttgart, GA 126; »Die Tempellegende und die Goldene Legende«, a.a.O.

72 Max Hauttmann, a.a.O., S. 731

73 Hermann Beenken: »Bildwerke des Bamberger Domes«, Bonn 1925, S. 21

74 Theodor Fuchs, a.a.O., S. 76

75 Heinrich Bergner: »Naumburg und Merseburg«, Leipzig 1909

76 Max Hauttmann, a.a.O., S. 111 ff., 115

77 Rudolf Steiner: »Goethe als Vater einer neuen Ästhetik«, Vortrag vom 9. November 1888 in Wien, in: »Kunst und Kunsterkenntnis«, GA 271. Hier lesen wir, »worauf es in der Kunst ankommt. Nicht auf ein Verkörpern eines Übersinnlichen, sondern um ein Umgestalten des Sinnlich-Tatsächlichen. ...So sind die Gesetze, nach denen der Künstler verfährt, nichts anderes als die ewigen Gesetze der Natur, aber rein, unbeeinflußt von jeder Hemmung. ...Der Inhalt eines Kunstwerkes ist irgendein sinnenfällig wirklicher – dies ist das Was –; in der Gestalt, die ihm der Künstler gibt, geht sein Bestreben dahin, die Natur in ihren eigenen Tendenzen zu übertreffen... Der Künstler bringt das Göttliche nicht dadurch auf die Erde, daß er es in die Welt einfließen läßt, sondern dadurch, daß er die Welt in die Sphäre des Göttlichen erhebt.«

78 »Die Heilige Schrift«, Stuttgart 1932, S. 357

79 Heinrich Boos: »Geschichte der Freimaurerei«, a.a.O., S. 179

80 Rudolf Steiner: »Weltwesen und Ichheit«, Vortrag vom 20. Juni 1916 in Berlin, GA 169

81 Hella Krause-Zimmer: »Bernward von Hildesheim und der Impuls Mitteleuropas«, Stuttgart 1984

82 Rudolf Steiner: »Aus der Akasha-Chronik«, GA 11, S. 49, 61, 65

83 Rudolf Steiner: »Die Tempellegende und die Goldene Legende«, a.a.O.

84 »Edda«, a.a.O., S. 42 ff.

85 Rudolf Steiner: »Die Tempellegende und die Goldene Legende«, a.a.O.

86 Eric Graf von Oxenstierna: »Die Nordgermanen«, Stuttgart 1965, S. 50 f.

87 Rudolf Steiner: »Vergangenheits- und Zukunftsimpulse im sozialen Geschehen«, a.a.O.

Bildnachweis

Abbildung 1, 2, 3, 4, 5, 6, 18, 20, 21, 22, 23, 24, 25, 26, 27, 28, 29, 30, 31, 32, 33, 34, 35, 36, 37, 38, 39, 42, 43, 47, 48 Bildarchiv Foto Marburg
Abbildung 15, 16, 17, 19 Rheinisches Bildarchiv, Köln
Abbildung 7, 8, 9, 10, 11, 12, 13, 14 nach den Farbdiaserien »Romanische Kirchen in Köln« I und IV von Ulrich Krings und Celia Körber-Leupold, Vista Point Verlag, Köln

Abbildung 40, 41 Kunstverlag H. C. Schmiedicke (VOB), Leipzig
Abbildung 45, 46 Harald Möhring, Stuttgart
Die Zeichnungen auf Seite 45 und 47 sind entnommen aus Wilhelm Jung: »Die Steine reden noch…«, Eltville 1981.
Die Zeichnung von Arndold Wolff auf Seite 69 ist entnommen aus »Ornamenta Ecclesiae«, Band II: »Kunst und Künstler der Romanik in Köln«, hrsg. v. Anton Legner, Köln 1985.